成果を上げる行動変容

ミスの無くし方
無くならない

石田淳
行動科学マネジメント研究所所長

日本経済新聞出版

毎日のように職場で生じるミスや事故に、
あなたはこんな思いを抱いているでしょう。

「なぜ同じことを繰り返すんだ。
口を酸っぱくして注意しているのに」
「このままではいつか重大事故につながる。
第一、自分ならこんなことはやらない。
あいつには適性がないんじゃないか」

そして、今後すべきことを考えてみる。

- ✓ 朝礼やミーティングでの注意喚起
- ✓ 事故発生時の始末書の提出
- ✓ 詳細なマニュアルの作成
- ✓ 「安全意識を持つ」「お客様目線」などスローガンの掲示

それでもミスは一向に減る気配はない。
あなたはできることを精いっぱいやったのに。

なぜこうした方法ではダメなのか？

それは、「そもそも」のところで誤解があるからです。

実は、
「ミスや事故は意識の徹底では解決しない」ものです。

「えっ？」と思う方が多いでしょう。
相手の内面に働きかけて、
意識を変えるマネジメントが、
当たり前と思われてきたのですから。

しかし、ミスや事故を無くすには、
「人間の行動」にフォーカスし、
ミスや事故が起きない「仕組み」をつくるしかありません。

これは「いつ・誰が・どこでやっても」同じ効果が出る、
科学的メソッドです。
もちろん、部下マネジメントだけでなく、
「ミスを無くしたい」と思っている個人にも有効な手法です。

ミスや事故が無い職場は、
働く人のストレスが消え、
生産性が上がり、
コミュニケーションが活発となります。

さあ、そんな職場を実現する「仕組み」を
一緒につくっていきましょう。

はじめに

「発注したつもりが実際は発注しておらず、商品が欠品した」
「指さし確認をしたにもかかわらず、誤った状態のまま作業が進んでしまった」
「顧客データの入ったUSBメモリを紛失した」

ちょっとしたミスが大きな事故につながる、顧客からの信頼を失うことになる。経営者、管理職、リーダーであれば身に染みてご存じのことでしょう。

ましてや今はSNSで瞬時に情報が拡散する時代。1つのミスに起因する事故が、組織の根幹を揺るがすことになりかねません。

そして、経営層やリーダーはよくこうおっしゃるのです。

「うちの会社は優秀なやつが少ないから、ミスが多いんだ」
「ミスをしない『できる人材』が来てくれたら、うれしいんだけど」

ミスや事故が発生するしないは、一人ひとりの能力・性格・心構えの問題だという見方です。その見方に立って、

「ミスをしてはいけない。ミスをするとこんな大変なことになる」

「事故を起こさないためには、こんな心構えでいなければならない」

部下にこう諭《さと》します。

「安全第一」「顧客ファースト」といった〝スローガン〟を職場に掲示して注意を促す組織も多いでしょう。

しかし、「もっと注意するように」「安全意識を持とう」などと訴えたところで、人間は十人十色。言葉の解釈も人それぞれです。

また、リーダー層と現場で働くメンバーとの間にはジェネレーションギャップや価値観の相違があって当然です。

つまり、**相手の心構えや姿勢、意識に訴えかける「内面にフォーカスするマネジメント」は、「ミス・事故を無くすマネジメント」ということはできない**のです。

上司「ミスが多いのは注意が足りないからだ」
部下「いえ、真剣に注意するようにしています」
上司「でも、またミスをしたじゃないか」
部下「じゃあ、どうすればいいんですか」
上司「注意力を高めるんだ」
部下「いつもそうやっているつもりです」
上司「だから、注意が足りないんだ！」
部下「……」

まるでコントのような堂々巡りも、上司が部下の内面にフォーカスしているがためのものです。

まず皆さんにご理解いただきたいのは、ミスや事故を無くすには次の必要があるということです。

☑相手の意識ではなく、「行動そのもの」にフォーカスし、

☑ **ミスや事故に結びつく行動（本書では「危険行動」と呼びます）を望ましい行動（「安全行動」）に変え、**

☑ **その安全行動を定着→習慣化させる仕組みをつくる**

これが本書で紹介する「組織行動セーフティマネジメント＝ＢＢＳ（Behavior Based Safety）」の考え方です。

私は米国で行動分析学に基づいたマネジメント手法を学びました。

このマネジメント手法はボーイング、ＮＡＳＡ、３Ｍ、ウォルマートなどの一流企業に導入され大きな成功を収めたもので、米国では６００以上の企業、公的機関で採用されています。このメソッドを私は「行動科学マネジメント」として日本流にアレンジしました。現在、国内では規模の大小を問わず、１２００社を超える企業で導入いただいています。

組織行動セーフティマネジメントは、この行動分析学をベースとする概念を基につくられたもので、**「いつ・誰が・誰に対して・どこでやっても」同じような効果が出る、高い**

再現性が認められる科学的な危機管理（リスクマネジメント）の手法です。製造、運輸、物流、飲食など多岐にわたる業種で効果を発揮しています。

ＤＸ（デジタルトランスフォーメーション）やＡＩのシステムが普及する世の中でも、業務の完全自動化が実現されない限り、それらを管理し、扱うのは「人」。マネジメントの問題が無くなることはありません。また、ビジネスの現場にはさまざまな個性の人材が存在します。この流れは加速化し、企業は、それら万人に通用するマネジメントを選択しなければなりません。

本書ではさまざまな「行動」について触れていますが、最終的な目標は**「望ましい行動（安全行動）を定着→習慣化させる」**ことにほかなりません。このために必要な仕組みのつくり方を、これから説明していきます。

もちろん、これは組織や部下のミスだけでなく、「自分のミスを無くしたい」と考える個人にも有効な手法です。

さまざまな個性の人材がいる。価値観は多様化している。理念教育もうまくいかない。

でも、大丈夫です。

人間の行動原理に則ったこの行動変容のノウハウを使うことで、**あなたの組織はミスが無く、安全と安心に満ちたものになるに違いありません。**

2021年11月

石田淳

無くならないミスの無くし方　目次

序章

理論編

ミスは「意識の徹底」では無くならない

第1章

なぜ「ミス」が生まれるのか

7つの背景

第2章

上司の思い込みマネジメントが招くミス

7つの間違い

第3章

実践編

ミスを無くす仕組みづくりの前提

6つの行動メカニズム

第4章

ミスを無くす仕組みづくりの実践

5つのステップ

第5章

事例編

ミスを無くすヒント集

10のケース

装幀◎鈴木大輔・江﨑輝海（ソウルデザイン）
本文設計＋DTP◎ホリウチミホ（nixinc）
校正◎内田翔
編集協力◎中西謡

序章

理論編

ミスは「意識の徹底」では無くならない

どんな職場にもあるちょっとしたミス

製造機器の操作ミス、製品の品質リスク（製造物責任）、器物破損、従業員のケガ……製造業における工場でのミスは、数え切れないくらい存在します。

言い方は悪いかもしれませんが、こうした事例はとても〝わかりやすい〟ものといえます。企業の存続を左右する、誰が見ても大きな問題であるということです。

しかし、こうした全社的な「大ごと」も発端にあるのは小さなミスです。

以前、ある大企業の工場で火災事故が発生したことがあります。その工場は燃えやすい資材を扱っています。そのため、工場内に消防車を置き、火事が起きてもすぐに対処できる態勢をとっていました。

実際、その工場では年に数回のボヤが起こっており、そのたびに消防車が出動して早期の消火に成功しています。しかし、そのときは火の勢いが激しく、工場がすべて燃えるという大事故になったのです。

会社は莫大な損失を計上。さらに、工場長をはじめ多くの優秀な社員が責任を感じたり、ショックを受けて辞めていきました。

さて、この火災の原因は何だったのでしょう。

実は、たった1本のタバコの火の不始末でした。1人の従業員が、いつものように工場の入口の近くでタバコを一服。その後、消したつもりの吸い殻の火が消えていなかったのです。

消したつもりのタバコの火が消えていなかった。このちょっとしたミスが、会社の経営を脅かし、複数の従業員の将来を左右する大事故につながりました。

あなたの会社でも、「1本のタバコの火の不始末」と同じことが起こっていませんか。

本書は、日々の業務の中でミスや事故が起こる理由を解き明かし、ミスや事故を無くす仕組みづくりを提案していきます。

人間は「結果にメリットのある行動」を選択する

工場でのミスや事故を無くすため、トップが「安全意識を徹底させよう！」と従業員へ呼びかける。よくある話です。しかし、それで現場から危険が無くなることはありません。

・走ってはいけない場所を走り、滑って転んでケガをする
・繊維工場で刃物を使って糸くずを取る際に手を切ってしまう
・製造現場につながる階段から飛び降りて足を痛めてしまう

「大のオトナがそんなことを？」と思えるような**ミスや事故が、多くの現場で日々発生し**ています。そして**これらが、いつか大事故につながる**のです。

実は、こうした事柄はすべて人間の「行動原理」に起因して起こるものです。

ここから事例と共に説明していきますが、まず大前提として次のことを頭に入れて読み進めてください。

人間は「結果にメリットのある行動」を選択する。

この行動原理があるからこそ、人間は、

「面倒なことは、やらない」

「ラクにできるほうを、つい選んでしまう」

「手っ取り早く済むから、やってしまう」

といったあきれるような理由で行動を起こし、結果、ミスや事故を招くのです。ここにこそ、ミスが無くならない根本的な原因があります。

以降でこの行動原理に即した人間の行動を見ていきましょう。

ミスの原因の多くは単純なこと

工場に限らず、危険な作業をする現場では当然、安全対策が施され、そのための準備も多くなされています。

たとえば、基本的なものでいえば「ヘルメット着用の義務化」があります。2メートル以上の高所で作業をすることを高所作業といいますが、高所作業の際には、どんな現場においても、ヘルメットの着用が必ずマニュアルに盛り込まれているはずです。

しかし、そうはいっても、どうしても「ヘルメットを着用しない」従業員が出てきます。転落事故が起きた際にヘルメットをしていれば軽傷で済んだものを、頭を打って重傷になってしまったというのは、実はよくある話です。

いや、正確にいえば、上司の手前、**ヘルメットを着用するのですが、あごひもをしない**人が多いのです。そのため何か起きたときには、ヘルメット自体が用をなさない、というわけです。これも「面倒だから（あごひもをしない）」という人間の行動原理に起因しています。

「あごひもをするなんて、ほんの一瞬のことなのに？」

「安全意識が徹底されていれば、そんなことはあり得ない」

そうお思いになるかもしれません。しかし、これは**多くの現場から報告**されている実話です。

もちろん、ヘルメットはあくまで1つの事例です。オフィスワークや店舗でも、想像もしない単純なミスや事故が起こる可能性があります。**あなたの職場も、もちろん含まれます。**

「確かに……」。そう思い当たる方は、ぜひこのまま本書を読み進めてください。「いや、今の部下はみんな、安全には気を配っているから大丈夫」と思う方もいるでしょう。

しかし、「安全第一」が知らず知らず、スローガンだけになっている職場を私は多く見ています。百歩譲って、今のメンバーが大丈夫だとしても、これから新しく入ってくる人材が同じように安全な行動を取るとは限りません。

人間の行動原理から考えれば、「なぜそんなことをするの？」とあきれるような行動を取る人が出てくる確率は高いのです。

変えるべきは人材ではない

企業活動に影響するような致命的なミスは、現場でのケガや重大な事故に限ったことではありません。

デスクワークで発生するようなミスもまた、企業活動に大きなダメージを与える場合があるでしょう。たとえば、よく見られるのは「発注ミス」です。

ある商品を、発注担当者が毎週1回、ずっと同じ数で発注していた。しかし、今週は営業サイドからイレギュラーなオーダーが入った。

「人気ユーチューバーが紹介してくれて、急に売れ行きが上がったので、通常は200個発注しているものを500個発注してほしい」というようなパターンです。

ところが、ここで発注担当者がうっかり入力ミスをしてしまいました。営業サイドのオーダーを聞き漏らし、通常どおりの発注数を入力してしまったのです。結果、商品の数が足りず、せっかくの販売機会を逸してしまうことに……。

逆のパターンもあります。少ない数でいいものを、多く仕入れてしまう。営業資金に影響する大きな問題となりかねません。

そもそも普段のコミュニケーション不足で従業員同士の接触頻度が低いために、必要なダブルチェックがなされないことが常態化していることがこうしたミスにつながります。これを、「単純ミスがあるのは、担当者のスキルや性格に問題があるのだろう」「だから担当から外せばいい、違う人材をあてがえばいい」と考える経営陣や管理職がいるかもしれません。

しかし、そんなにシンプルな話ではないのです。

人口減少で人材の確保が難しい今の時代、簡単に人を切ったり入れたりなどということは、どんな企業にもできることではありませんし、そもそも、こうした「ちょっとしたミス」をしてしまうのは、抗うことのできない人間の行動原理に起因しています。

変えるべきなのは人材ではなく、人間が行動する際の「仕組み」なのです。

マニュアルがあってもなぜ守れない？

接客業における「接客ミス」もよくあります。注文を間違う、対応が悪くてお客様を怒らせてしまうなどです。

顧客と相対する業務も、会社の信用やイメージに関わる大切な業務ですから、お客様対応でミスをすることは、企業にとって大きなダメージとなります。

今は口コミだけでなく、ＳＮＳによってさまざまな情報が瞬時に拡散される時代です。**ＳＮＳで悪い評判が一度広まると、それをネット上から消すことはかなり困難**です。

カスタマーハラスメント（カスハラ）という言葉もあるように、自分に明らかに非があるのに、従業員を責め立てる悪質な顧客もいたりしますが、店舗側に不手際があった場合、まずはお客様に謝罪することが第一でしょう。

しかし、**「まず謝る」ことができない従業員**が多くいます。

「ご注文のアイスティーです」

「いや、注文したのはアイスコーヒーだけど」

「申し訳ございませんでした。すぐにアイスコーヒーをお持ちします」

ごくごく当たり前のやりとりでしょう。しかし、この「申し訳ございませんでした」をいえない従業員がいるのです。「あっ」といって、そのまま黙って引き返し、「なんか違うっていってます」と厨房に伝えるだけ。当然、**お客様は悪い印象**を持ちます。

店舗には接客マニュアルがある場合も多いでしょう。たとえばマニュアルに「注文を間違えた場合には、まず『申し訳ございません』と謝る」と明記されていたとしても、それができないのです。「こうなった場合はどうすればいいか？」ということに関しては、周知されている。でもできない、ということです。

ここで、また「その従業員は接客業に向いていない」と決めつけるのも極端な考えです。この場合も「謝ることのできない人」の行動には、人間の行動原理に沿った理由があるのです。

人間関係のトラブルが起こる理由

社内の空気が悪く、一体感がない。そのため、すぐに人が辞めていってしまう。

人材の流出は、企業にとって非常に重大な問題です。

たとえば、新規事業の立ち上げを計画していた最中に、中心メンバーとなる従業員が突然「辞めさせてもらいます」といってきた。辞める理由は「人間関係」。どうしてもプロジェクトリーダーが気に入らないというのです。計画はすべてパーで、イチからやり直しです。

「社内の人間関係トラブル」もまた、企業にとっての大きな危機ですが、その原因は実は、マネジメントのミスにほかなりません。

社内の人間関係トラブルを未然に防ぐ、あるいは現在あるトラブルを解消させることもまた、リスクマネジメントとして位置づけられるでしょう。

では、どうやって？　ここでもやはり、着目すべきは人間の行動原理です。

「みんなで力を合わせてやっていこう！」と上司がいくら朝礼や会議でカツを入れても、皆が言葉どおりにするわけではありません。

ハラスメント対策として「何かあったらすぐ報告するように」と号令をかけたからといって報告が増えるわけではありません。会社に報告して面倒なことになるより、「辞めてしまったほうがストレスがない（そのほうが自分にメリットがある）」と思う従業員も大勢いるのです。

人材流出を防ぎ、もめごとやコミュニケーション不足による生産性の低下を防ぐためにも、マネジメントのミスを無くすことは急務です。

マネジメントのミスの原因はどこにあるのか。ここでも、人間の行動原理に基づいて、上司は自らのマネジメントのやり方を考え直す必要があります。

SNS炎上の危険投稿はなぜ続く？

アルバイトが業務中に不謹慎な動画や画像を撮影し、SNSで公開する。いわゆる「バイトテロ」「バカッター」の存在が、しばしばネットをにぎわせています。

SNSというプラットフォームが存在し、瞬時に炎上してしまう今は、これまでどおりの危機管理（リスクマネジメント）の意識では不十分です。コンプライアンスが声高に叫ばれる現在、顧客の信頼を失うことは、企業にとってそれこそ大ダメージです。

信頼の得られない企業から離れていくのは顧客だけではありません。**人材の流出や優秀な人材を採用できないという、企業の存続を左右する問題**にもなります。

「こんな会社にいられない」「あんな会社になんか入りたくない」、働き手からそう受け取られてしまうわけです。

では、バイトテロやバカッターの問題は、なぜ発生するのか？　なぜ彼らは問題行動を起こすのか？　その理由を人間の行動原理に即して解き明かしていきましょう。

すべては「行動原理」に起因する

メディアなどでさんざん非難されても、バイトテロやバカッターの存在は後を絶ちません。それはなぜか？

答えをいってしまえば、**「承認欲求が満たされるから」**です。

「バカげた画像、動画をＳＮＳにアップしたら、みんなが〝いいね！〟をくれた」これで自身の承認欲求が満たされます。

承認欲求が満たされるということは、**「行動の結果のメリット」**の1つです。

そのため、たとえば「勤務中にはスマートフォンを取り上げて撮影できないようにする」といった対症療法的な措置を取っても、彼ら彼女らはさまざまな別のかたちで承認欲求を満たそうとするでしょう（「承認欲求」については第3章で改めて説明します）。

ヘルメットを正しく着用せずに事故を起こす。

イレギュラーな発注のオーダーに気づかず、いつもどおり対応してしまう。

マニュアルにある接客ができず、お客様を怒らせてしまう。

上司が苦手だから会社を辞めてしまったほうがラクと考える。

ここまで見てきた事例はバイトテロやバカッターと同じように、どれもこれも、あきれてしまうようなことばかりです。ただし、こうした事柄が、組織の存続に関わる大きな問題に発展することは、容易に想像できるでしょう。

なぜ現場でミスが発生するのか？　なぜ決められた行動ができないのか？　その理由が、再三お話ししている「人間の行動原理」にあります。

そう、**「人間は『結果にメリットのある行動』を選択する」**からです。

「時間も手間もかかる、行動のハードルが高いことだから、やらない」

「手っ取り早くできることだから、やってしまう」

「正しいやり方」を指導されても、マニュアルやチェックリストが存在してもミスが無くならず、組織が危険をはらみ続けるのは、人間のこうした行動原理がそれらに勝るからにほかなりません。それをよく理解した上で、ミスや事故を無くす方法を考えなくては、ミスや事故が無くなることは決してないのです。

「意識の徹底」では解決しない

ミスや事故を無くすためによく見られる取り組みがあります。たとえば、「ミスをしないという意識を徹底させよう」と周知するものです。

製造業の現場ではこんな紙が張られることがよくあります。

「安全意識の徹底」

「指さし呼称」

しかし、張り紙をしたからといって、現場に安全意識が徹底されるか、指さし呼称が習慣化されるかといえば、残念ながらそんなことはありません。

そもそも「安全意識の徹底」とは、何を意味しているのでしょうか?

〝安全意識〟とは何か、〝徹底〟とは何をすることなのか。具体性のない指示は、単なるスローガンに過ぎません。**こうした取り組みは具体的な行動を指示しているのではなく、「心構え」を提示し、現場で働く人の意識や内面に働きかけているだけ**なのです。

あるタクシー会社には、
「勤務前の健康管理を怠るな！」
「気を引き締めて事故をゼロに！」
という張り紙がありました。これで事故を防ぐことができるのなら、苦労はいりません。

社内の人間関係トラブル改善のための「みんなで力を合わせてやっていこう！」という言葉も同様です。その思いが間違っているわけではありませんが、マネジャーやリーダーの施策として、これでは事は解決できません。

どんなにスローガンを唱えても、人の意識を変えること、人の性格を変えることにはつながりません。

マネジャーやリーダーがフォーカスすべきなのは人間の行動原理であり、そこから発生する具体的な「行動」なのです。

大事なのは「行動にフォーカスする」マネジメント

私はアメリカで、心理学者Ｂ・Ｆ・スキナーが唱えた「行動分析学」に基づいたマネジメント手法を学びました。アメリカでは企業のみならず官公庁や各種団体、機関が導入していて、その数は官民合わせて６００以上。このメソッドを私は「行動科学マネジメント」として日本流にアレンジして紹介、日本では１２００社を超える企業で導入いただいています。

本書で紹介する「組織行動セーフティマネジメント（ＢＢＳ［Behavior Based Safety］）」は、この行動分析学をベースとする、人間の行動原理に着目した**行動科学に基づく危機管理（リスクマネジメント）の手法**です。危機管理の最前線を走るアメリカで成果を出す手法として知られ、日本でも製造業、運輸業の著名企業をはじめ、規模の大小を問わず数々の企業が導入しているほか、教育機関での実践事例も年々増加しています。

〝科学〟であるということは、**「いつ・誰が・どこでやっても」同じ結果が得られる**ということ。つまり、再現性が高く、業種や会社の規模を問題としません。

行動科学マネジメントの大きな特徴が、**「行動にフォーカスする」**ということです。

「ミスが多いのは仕事に対する〝姿勢〟が間違っているからだ」「事故は安全への〝意識〟が希薄だから起こってしまう」「一人ひとりが〝自覚〟を持つべきだ」「もう少し〝やる気〟を持って業務に取り組もう」「それは〝常識〟で考えればわかるはず」……。

姿勢、意識、自覚、やる気、常識といった、具体性のない曖昧《あいまい》な言葉は、科学的なマネジメントではタブーです。それらはすべて「行動」とは呼べないものだからです。

人の内面にアプローチし、内面を変えるのは難しいことです。価値観は十人十色。属性や年齢が近い同士でもわかり合えないのに、現在は、さまざまな価値観を持つ人材（外国人や各種の雇用形態）が同じフィールドで、ビジネスの時間を共有しているわけです。

一人ひとりの価値観を考慮し、それぞれの人材に見合ったマネジメントを施すという時間や労力的な余裕は、残念ながら今の私たちにはありません。ならば、**万人に共通する「人間の行動原理」に着目し、相手の「行動」を変えることで安全を確保**するべきでしょう。

ちょっとしたミスや事故、そこから生まれる企業の危機も、一人ひとりの行動を変えることで回避できます。それが大変なことかといえば、そんなことはありません。**人間の行動原理に合った「仕組み」をつくることで、誰もが望ましい行動を取れる**のです。

第1章

理論編

なぜ「ミス」が生まれるのか

7つの背景

それぞれの「常識」ほど厄介なものはない

人はなぜ行動し、その行動を繰り返し、それを習慣にするのかというメカニズムを理解した上で、行動を発生させる、あるいは抑制する仕組みをつくり実践する、というのが行動科学に沿った〝ミス防止法〟です。

ミスや事故は一人ひとりの「行動」が生むもので、性格や仕事に向き合う姿勢、向き不向きが生むものではありません。

だからこそ、上司は部下の**ミスや事故を防止するために、相手の「行動」をコントロールする**必要があるわけです。そのために知っておかなければならないのが、「ミスが生まれる背景」です。

この章ではまず、今現在、あなたの職場にも存在するであろう「ミスが生まれる背景」について説明しましょう。知らず知らずに行っている、毎日の職場での「当たり前」の行為や、それぞれの「常識」がミスを生み、助長する可能性があるからです。

背景

1

「曖昧な言葉」が日常化している

「上司からの指示が曖昧で、どう行動すればいいかわからない」

これが職場でミスや事故が発生する、もっとも大きな背景の1つです。職場環境でいえば、「上司が曖昧な言葉ばかり使っている職場」ということです。

たとえば、こんな話があります。

あるホテルの宴会担当部署が、その日に行われる宴会の準備をしていました。その際、年配のベテラン社員が20代の新人社員に、こう指示を出しました。

「何本か、瓶ビールの栓を抜いて準備しておくように」

この指示のどこに曖昧さがあるか、おわかりですか。

〝何本か〟という言い方が、まず曖昧です。〝準備をしておく〟というのも、どう準備すればいいのかわかりません。テーブルの上に並べておくのか、それともケースに入れておけばいいのか。

「そんなことは自分で判断するべきだ」という意見もあるでしょうが、ミスの無い行動をさせるには、相手の判断や考えに任せるわけにはいきません。

ミスや事故を無くし、人間の行動原理に合った仕組みをつくるためには、何よりも**曖昧さを排除し、具体性のある言葉を使うことが重要**です。

実はこの指示には、ミスの原因となる最大の曖昧さがあります。それは「栓を抜く」という言葉です。「そんなことは当たり前だろう」と思った方は、栓抜きを使って瓶の栓を抜くことを知っている方です。ところが**今の20代の若者には、瓶の栓を抜くという行動をしたことがない人が大勢います。**それどころか、彼ら彼女らは「栓抜き」の存在も、その使い方も知らないことが多いのです。

「『せんぬき』ってなんですか?」

「栓抜きを使って瓶の栓を抜く」ことを知らない人にとって、「栓を抜いておいて」という指示はきわめて具体性のないものになります。

1つの言葉を解釈するとき、人は自分の過去の経験や知識にひもづけようとします。だからこそ、経験値も知識量も違う相手に対して言葉を伝えるときには注意が必要です。「栓抜きを取ってきて」と声をかけても、若い世代が頭に思い浮かべる「せんぬき」は、まったく違うものかもしれません。その結果、とんでもない道具を持ってきて「なんだ、これは！」と怒られる。まるでコントの世界ですね。でも、これが現実なのです。

結局、栓を抜くことを知らなかった新人社員は、ビール瓶の栓を力ずくで開けようとし、手をケガしてしまいました。これは、あるホテルで起こった実話です。

もちろん**経験値、知識量は年配層が多く持っていて、若年層が少ないという図式ではありません。**

たとえば、若手社員が「ミーティングの資料はグーグルドキュメントにアップしてありますので、そちらをご覧ください」と伝えても、グーグルドキュメントの存在を知らない、利用した経験もない年配層には、何のことかわかりません。コロナ禍の中のリモートワークによってクラウドサービスが普及したとはいえ、まだまだＩＴ系のサービスを使いこなせていない人は多いのです。

こうした曖昧な言葉から、「しっかり報告をしろ」「いや、レポートを上げたじゃないですか」というトラブルも発生するわけです。

「具体的な言葉」の要素

「曖昧な言葉」の反対は？　もちろん「具体的な言葉」です。

相手との経験値、知識量、あるいは価値観の違いを考慮する以前の問題として、多くのビジネス現場では、そもそも慣習として「曖昧な指示」が定着しています。

組織行動セーフティマネジメント（ＢＢＳ）は、相手の行動をコントロールしてミスの発生を抑える手法ですから、指示の言葉も「行動」を示している必要があります。これが、ここでいう「具体的な言葉」です。

では、「行動」とは何でしょう？

行動科学マネジメントには「ＭＯＲＳの法則（具体性の法則）」という、次の４つの要素から成り立つ**「行動と呼べるものの定義」**があります。

- **Measured（計測できる）＝どのくらいやっているかを数えられる（数値化できる）**
- **Observable（観察できる）＝誰が見ても、どんな行動かがわかる**

・Reliable（信頼できる）＝誰が見ても、同じ行動だとわかる
・Specific（明確化されている）＝誰が見ても、何を、どうしているかが明確である

これら4つの要素がそろって、初めて具体的な言葉で表された「行動」となります。逆にいえば、この4つの条件を満たしていないものは「行動」ではないということです。

「売上目標を達成する」「朝早くから業務に取り組む」「残業する」「顧客目線で考える」「懇切丁寧に説明する」「きちんと挨拶をする」……。ビジネスの現場でよく使われるこれらの言葉は、行動科学の世界においては、すべて行動と呼ぶことはできません。

たとえば「きちんと挨拶をする」という言葉は、普段の私たちの会話のレベルで判断すると「行動」と感じられるかもしれませんが、MORSの法則に照らせば行動とは呼べません。何をもって「きちんと」なのかが、明確な判断基準のない、主観的なものだからです。
☑「相手の顔を正面から見て」
☑「笑顔をつくり」
☑「5メートル先の相手にも聞こえるような声で」
☑「『おはようございます』と」

☑「頭を下げながらいい」
☑「頭を上げて再度相手の顔を見る」

もちろんこれは一例ですが、「きちんとした挨拶」をさせるには、このくらいまで具体的な指示として伝えなければ、相手によって解釈が変わってしまうのです。

「スローガン」は結局、絵に描いた餅

「安全意識をしっかり持つ」。こうした「スローガン」が多用されることは、ミスを無くすマネジメントにおいて、大きな障害となっています。

私の会社のインストラクターが研修に入ったある製造業の現場では、こんな言葉を工場でスローガンとして掲げようとしていました。

「意志のある確認を徹底する」

もうおわかりでしょう。曖昧な言葉だけで成り立っているようなものです。

意志は、どうすればあるといえるのか？　確認とは、どのようなものか？　徹底とは、何をどれだけ行えばいいのかが、まるでわかりません。

しかし、これと同じことが多くのビジネス現場で起こっているはずです。**スローガンのさらに厄介なところは、その言葉自体が「間違っていない」「悪いものではない」ということ**です。たとえば、接客の現場における次のようなスローガンを見て、あなたはどう思いますか。

「お客様目線での、心を込めた接客」

少なくとも、悪い印象は持たないはずです。

従業員の側にしても、誰もこの言葉に対して「ちょっとおかしい」とはいえません。しかし、いざ「お客様目線で接客しよう」「心を込めた接客をしよう」と思っても、何をすればいいか、すなわち、どんな行動を取ればいいのかがわかりません。

その結果、「お客様目線じゃない」「いや、お客様目線だった」「心を込めていない」「心を込めたつもりです」なんていう無意味な軋轢《あつれき》が職場内で生まれるのです。

「経験値、知識量、価値観は人それぞれ違う」

「言葉の解釈は人によって違う」

だからこそ、「行動の指示」と呼べる具体的な言葉を定めて使用しなければなりません。**スローガンを考えるのは、具体的な行動を示す言葉を定めた後**の話です。

2

スキルの習得が追いつかない

職場でのミスや事故が増加する背景は、使う言葉だけが原因ではありません。「発達したテクノロジー」への対応ができないことも、大きな原因となっています。「テクノロジー」というと、大ごとに聞こえるかもしれませんが、ごくありふれた背景です。

たとえば、あなたが働くオフィスを思い浮かべてください。

自分のデスクがあり、一人ひとりにパソコンが与えられています。フロアにはコピーやプリンター、FAXもあるでしょう。それらの機能がまとめられた複合機も普及しています。さらにセキュリティのためカードキーのシステムが備えられているオフィスも多いでしょう。

工場などの製造現場だけでなく、ごく普通の事務作業のオフィスでも、精密機械が何も導入されていないところはないはずです。そうした精密機器が故障を起こした際には、オフィスでの活動がストップせざるを得ません。それが原因で**納期遅れやさまざまな予定の変更が発生**することは、明らかに「事故」といえるでしょう。

工場などで大型設備が故障し、それを即座に回復させることができず、生産がストップしてしまうことになれば、もはや企業の危機といえるかもしれません。

新しい機器、システムに起因するミスや事故を回避するにはどうすればいいでしょうか。単純に考えれば、「使い方を習得すればいい」ということです。パソコンにしろ、スマートフォンにしろ、私たちはそれらに関する知識を仕入れ、使いこなすためのスキルを身につけて、結果、さまざまな利便性を享受しているわけです。

ところが、事はそう単純な話ではありません。

すべてのテクノロジーが、パソコンやスマートフォンのように比較的容易にスキルを習得できるかといえば、そうとは限りません。より複雑で習得が難しいものも増えています。

行動科学では、人がスキルを身につけるためには、小さな成功を積み重ね、その先に最終目標を達成するというやり方、すなわち**スモールステップを踏んでいく方法**が最適と考えています。

しかし、忙しいビジネス現場においては、ステップを踏んでスキルを習得するための「時間」が圧倒的に少なくなっています。結果はどうなるのか？

新しいスキルを習得するためのステップや環境がないことで、機器やシステムを扱う業者に、保全を丸投げにするということです。

ちょっとしたトラブルがあった際も、自分たちでは対応できない。「機械が止まってしまった！」というときに、即座に直して業務を再開することができない。専門家である外部の業者がいなくては何も解決できないことになっていくのです。

これはオフィスから大工場まで、共通した問題となります。

どんなに効率的なシステムを導入しても、どんなに便利な機器を備えようと、それらを動かしていくのはあくまでも「人の行動」だということを忘れないでください。

人間は少しずつ上達していくもの。すべてのスキルを習得しようとハードルを上げすぎずに、まずは「1日5分」でもいいのです。できることから少しずつ始められる計画を立ててみることが大事です。

背景

3

「叱って教える」が通用しない

かつては「仕事は見て覚えるもの」という精神論的なマネジメントが幅をきかせていました。上司の見よう見まねでやってみて、ミスをしたら「何をやってるんだ！」「もう1回やってみろ！」と叱られ、その積み重ねの果てに技術を身につける、というやり方です。

今の40代以上には、そうやって仕事を覚えた方が多いかもしれません。

しかし、そのやり方が今の20代、30代の若い世代に通用するかといえば、答えはノーでしょう。大きな理由は、若い彼ら彼女らが「叱られて育った世代ではない」からです。たとえば現在40代以上の人なら、中学や高校の体育会系の部活動で遅刻でもすると、監督の先生から「たるんでる！」と怒鳴り声で叱られたものです。とにかく、年上の人から叱られることはごく普通にありました。

一方、若い世代は学校教育においても「ゆとり」を尊重されてきました。厳しく叱られた経験を持たない人が多いでしょう。

そんな世代に対して**「ミスを厳しく叱る」というマネジメントは通用しません。**「ちょっと叱ったら、翌日辞表を提出された」なんていう話もあるのです。これではミスを無くすどころか、大切な人材を流出させてしまうことになりかねません。

働き方改革が推進され、働く人々のプライベートが尊重される現在の環境もまた、「叱って教える」が通用しないことに拍車をかけています。

かつては、ミスを叱る上司や先輩の側にも、叱ったことをフォローする機会がありました。「その場で叱りつけておしまい」ではなく、実はその後に、相手に対して再度指導を徹底する機会があったのです。それは勤務時間外、端的にいえばお酒の席です。

勤務中にミスを指摘し、ビシッと叱って、その後のお酒の席で「あの場合はこうすればいいんだよ」と丁寧な説明と指導を与えるというのが、かつては1つの流れになっていました。行動科学的には正しいやり方とはいえませんが、「叱る」「教える」「フォロー」がセットになっていたわけです。

ところが時代が変わり、上司と部下が一緒に飲みに行く機会も減っています。当然、勤務時間中に言い足りなかったことをフォローするチャンスも減ります。

部下のミスについて指導する機会として就業時間とは別に時間をとろうとしても、「そ

図1-1　精神論的なマネジメントは間違い

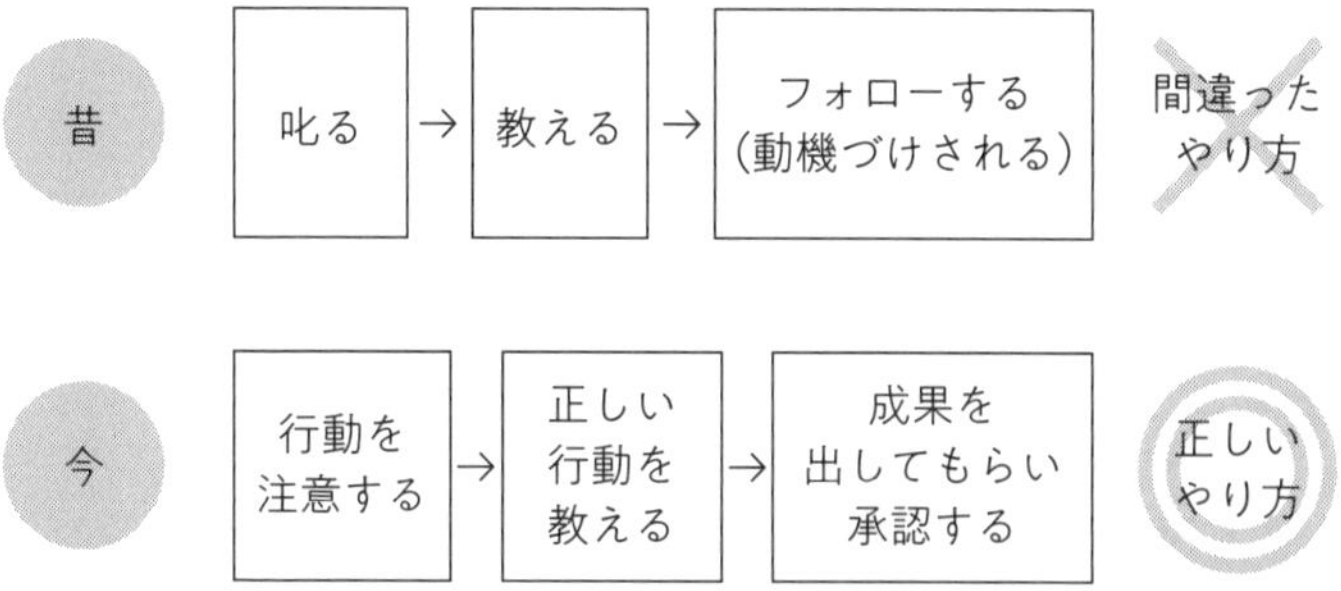

れって、残業代は出るんですか？」などといわれかねません。上司や先輩の側も、そこまでのフォローはしたくなくなるのが人情でしょう。しかもコロナ禍で働き方のスタイルは大きく変化し、いまや部下との直接的な接触さえ制限されるという状況です。

社員一人ひとりが自分の時間を持てるようになったのはよいことですが、「お酒の席で学ぶ」に代わる、行動科学的に正しい、今の時代に合ったやり方が必要です。

時代の変化によって、働き方のスタイルも変わる。当然、マネジメントのやり方も変わらなければならないのです。

背景

4

効率化に伴うチェック工程の削減

今のパソコンには文書作成、表計算、データベース作成、情報発信など、さまざまな機能が備わっています。言い方を換えれば、パソコンさえあれば「1人で何でもできてしまう」のです。実はこれが、ミスが増える背景ともなります。

かつては複数人で手分けしてやらなければならなかった業務が、1人だけで完結してしまうことで、**相互チェックの機会がなくなってしまった**のです。

「この作業は〇〇さんにすべて任せた」として、ほかの人はそれぞれ別の業務に集中するということです。

重要なのは効率化。少しでも多くの作業を、少しでもスピーディに行うことが、企業の使命となっているのが現状です。

さらに、コストダウンは必須。人件費を極力かけずに、どれだけの利益を確保できるかをギリギリまで追求し、結果、しわよせは現場へと押し寄せます。

これはパソコンを使った作業に限った話ではありません。実際に多くの製造現場では、効率化とコストダウンのため、働く人のシフトを変化させています。

たとえば工場に高性能の設備を投入して、これまでより少ない人員で仕事が回ることになった。そこでコストダウンのために人員カット。2人で担当していた工程が1人作業になり、もちろん確認作業も1人体制です。

2人体制であれば、1人がＯＫでも、もう1人が「何かおかしくない？」となれば、見直しによってミスを防ぐことが可能でした。しかし、そうした工程がカットされたわけです。

「1人でできる」とは、言い方を換えれば「確認回数が圧倒的に不足している」ということです。こうした体制により、取り返しのつかないミスが生まれるケースが増えています。

・経験値、知識量、価値観によって、使う言葉が違う

・テクノロジーの発達によって、新たなスキルを習得しなければならない

・「叱って教える」というやり方が通用しない
・環境の変化とコストダウンによって、確認回数が不足している

これまでに見てきた「ミスが増加する背景」に共通するもの、それは「時代の変化」です。

「いえばわかる」
「時間をかけてスキルを身につける」
「叱って、後でフォロー」
「大勢で確認する」

行動科学マネジメントの観点から見れば間違った方法論も含まれていますが、それが通用していた時代もありました。しかし、こうしたことがもはや通用しない（できない）というのが、ビジネスの現場の今の状況なのです。

しかし多くの企業が、従来のやり方をなかなか変えようとはしていません。その理由は実に単純です。**「これまでそうしてきたから」「今さら変えるのは面倒」**だからです。

この傾向は大企業、歴史のある企業では特に顕著です。そうした企業以外でも、日本の会社ではこれまでの慣例を尊重し、新しい仕事のやり方を拒否することが多く見られます。

テレワークで済む業務も「会社に出てきてナンボ」と、出社を強要する。数字の報告だけで済むところを、わざわざ招集をかけて会議やミーティングを開催する。こうした無駄がなかなかなくなりません。

しかし、これまでのやり方が通用しなくなっていること、時代の変化に即したマネジメントを導入しなければならないことを、多くのトップ、マネジャー、リーダー層が実感として感じているはずです。

何かを変えることにはストレスが伴います。時代の変化に対応することで、マネジメントする側もさまざまなストレスを受けます。そんなストレスフルな状況を象徴するのが、次に紹介する5つ目の背景になります。

背景

5

「年上部下」と高齢化の問題

あなたには今、上司がいますか。

5年後、その上司に指示を出し、ミスを叱責する自分を想像できますか。

これはなかなか難しい問題です。

しかし、昨今、ビジネスの現場では**「元上司が自分の部下になる」というのはよくある話**です。その理由は、もちろん「高齢化社会」にあります。「人生100年時代」においては、かつての部下や後輩が上司になることを、受け入れざるを得ません。

とはいえ、上司となる〝元部下〟にしてみれば、どうでしょう?

日本社会には新卒一括採用、終身雇用、年功序列が長く根付いていました。最近はそうした日本型組織のあり方も変わりつつありますが、「年上が年下を指導する、年上が年下にものを教える」という意識はまだ強く残っています。

また、「情」や「和」も大切にされますから、**なかなかドライに元上司のミスを指摘し**

たり、注意したりすることはできません。その結果、相手の行動をコントロールすることはできず、高齢者である元上司によるミスも多発するわけです。

「年上部下」については、高齢化に伴うミスの増加も見逃せません。一番多いのは身体的なもの、つまり、老化によって身体能力が衰えることで発生するミスです。

たとえば**「目が悪くなっている」**ことから、**書類上のミスが多発**します。契約書をはじめとした重要書類の確認ミスや文章のチェックミス、あるいは数字の間違いなどが挙げられます。

「重いものが持てない」「動作が遅い」「集中力が続かない」「だから作業効率が落ちる」などという体力的な衰えも、もちろんミスの原因になります。

これは高齢者を非難しているのではありません。日本社会が抱える現実の問題として、こうした高齢者問題が存在する、ということです。そしてこの問題は今後、間違いなく増えていくのです。

年下上司にマネジメントされる高齢の「元上司」の側にも、複雑な思いがあるでしょう。給与でいえば、明らかに以前と比べて下がっているわけですし、自分の境遇をすねて

図1–2「年上部下」のどこが問題か

- ☑ 目が悪くなり書類の確認ミス、書き間違いが増える
- ☑ 重いものが持てない
- ☑ 動作が遅い
- ☑ 集中力が続かない
- ☑ 年下の上司に対する複雑な心情(プライドが邪魔をする)

年上部下の「危険行動」をそのままにしていることで、
新たな事故、ミスが発生する可能性も!

「今までどおりには働かないぞ」と公言したり、「おまえ(年下上司)の指示が悪いんだ」と、ミスに対して開き直るという話もよくあります。

これは組織からすれば、もはやミスや事故に結びつく行動(詳しくは後述しますが、これを「危険行動」と呼びます)です。しかし、年下上司にはそれを止める術がない。

こうして、**どちらにとっても不幸な堂々巡り**が続いていくわけです。

背景

6

文化、慣習の異なる外国人の働き手の増加

グローバル化の流れを受け、さらに人手不足解消の手段として、外国人を雇い入れる企業が増えています。日本人の場合とは異なる理由からミスが発生する。そんなケースもよくあります。

大きな理由は、コミュニケーションの難しさです。

言葉の問題は、大きなハードルです。「日本語は片言しか話せない」「難しい言葉は聞き取れない」という外国人も、働き手の中には存在します。私たちが普段使っている言葉では相手と十分なコミュニケーションが取れない、という場合もよくあるのです。

たとえば「臨機応変に」という言葉。日本語を母語とすれば、どんなニュアンスなのかわかるでしょう。しかし、日本語を母語としない相手にそのような言葉で指示を出しても、期待どおりの行動を起こしてくれるはずがありません。

もちろん、前章でお話ししたような「スローガン言葉」など、ほとんど無意味です。

日本にやって来た外国人は、当然のことながら日本とは異なる文化、慣習の中で育っています。

たとえば、飲食店において外国人従業員に「きれいに掃除して」といったところで、その**「きれいに」の基準は人それぞれ**です。彼ら彼女らとしてはきれいに掃除したつもりでも、お客様から「テーブルクロスが汚れている」というクレームが入ってしまった。店長にしてみれば「〝きれいに〟と指示したじゃないか！」なんてことにもなります。

「しっかり戸締まりをして」という意図がうまく伝わらず、ずさんな戸締まりの結果、会社や店舗が窃盗被害に遭う、ということもあり得ます。

同じ日本人であれば暗黙の基準があるかもしれませんが、外国人ともなれば、その基準が日本人とは大きく異なっていることもよくあります。

もちろん、これは外国人従業員に限ったことではありませんが、**言語、文化、慣習の違う相手とは、より意思の疎通が難しい**ということです。

背景

7

リモートワークの普及

コロナ禍によって働き方のスタイルとして急速に普及したのが、「リモートワーク」です。通勤時間がなくなり、移動にあてていた時間を仕事に使えることで生産性が向上した、満員電車に乗る必要がなくなりストレスが軽減したなどのメリットがある反面、ビジネスにおいてのデメリットもいろいろあります。

勤怠管理が難しい、確認作業にもれが出てしまう、指示出しでミスが生じてしまう、対面ではないため顧客の反応が把握しにくくて対応が満足にできない等々です。

これらの問題は、すべて〝コミュニケーションの不足〟に起因するものです。

ビジネスの現場で、対面によって行われるコミュニケーションにある雰囲気や空気感といったものが、オンラインでは伝わりづらいわけです。

部下の動きや表情を見て、そのつど行動を修正する。「そうじゃなくて、これをやってくれ」といった場に応じた指導もできなくなりました。

図1-3　リモートワークで想定されるミスのシーン

- ☑ メンバーの勤怠管理
- ☑ 作業確認
- ☑ 指示出し
- ☑ 指導の不行き届き
- ☑ 連絡事項の不行き届き……

オンライン上でのやりとりにより
コミュニケーションのかたちが変化した今、
改めて"普遍的なマネジメント"が求められる

　また、在宅での仕事はプライベートと仕事の境界がつけづらいもの。ついつい怠けて、ダラダラしてしまうという人もいるでしょう。

「人（上司）の目がないから、サボってしまう」。残念ながらこれもまた、人間の行動原理なのです。それが、業務の進捗に関係しミスや事故につながることはもちろんある話です。

　コロナ禍が収束してもリモートワークのさらなる普及の動きが止まることはないでしょう。大手企業でも、オフィスの面積を縮小して固定費を削減するという動きが出てきています。

「リモートワーク」という新しい働き方のスタイルの普及は、同時にこれまでと同じマネジメントでは対応できない問題も生み出したのです。

すべての仕事がリモートワークで成り立つものではありません。しかし、**これからは「リモートワークにも対応できる、普遍的なマネジメント」が求められます。**

新しい時代に対応するためにも、「いつ・誰が・どこでやっても」同じ結果を出すことのできる組織行動セーフティマネジメントに基づく仕組みづくりが不可欠です。

図1-4　ミスが生まれる7つの背景

1 曖昧な言葉

2 スキルの未習得

3 「叱って教える」が成立しない

4 チェック工程の不足

5 年上部下と高齢化の問題

6 外国人の働き手の増加

7 リモートワークの拡大

第2章

理論編

上司の思い込みマネジメントが招くミス

7つの間違い

8割の「できない人」を変えるには

行動科学マネジメントは「**組織の8割の〝できない人〟を変えるマネジメント**」として評価をいただいているマネジメント手法です。

ここでいう〝できない人〟とは、いわゆる「2対8の法則」「2対6対2の法則」での上位2割のハイパフォーマー以外を指します。こうした「その他大勢」の人の行動を変えることで、組織全体のパフォーマンスを底上げすることがこのマネジメントの目的です。

上位2割のハイパフォーマーは、いってみれば「放っておいてもできる人」です。自ら行動のパターンを持ち、何が成果を生み出す行動かを（暗黙知としてでも）知っている人です。自発的に行動し、生み出した成果がさらに行動を継続させるというサイクルを備えている人、といってもいいでしょう。

これはミスや事故の防止でも同じことです。組織の中の上位2割は、暗黙知かもしれませんが、自らミスや事故の防止に必要な行動（＝安全行動。第3章で詳述します）を取ることができる人だといえます。したがって、マネジメントによって行動を変える必要はないでしょう。

問題となるのは、その他大勢のミドルパフォーマー、ローパフォーマーです。彼ら彼女らに、いかにしてハイパフォーマーと同じように安全行動を取らせることができるか。それがマネジメントの課題となります。

人の行動原理がミスや事故の原因になるのなら、その原理を上手にコントロールすることこそが、マネジメントの肝となります。ところが、**上司である立場の人の多くが部下の行動ではなく、「その内面」に働きかけようとしています。**

裏を返せば、「人間には抗いきれない行動原理がある」という事実を無視したマネジメントのために、ミスや事故が無くならないともいえるでしょう。

「安全意識を持ってくれ」と働きかけたところで、相手が安全意識を持つとは限りません。「やる気を出してくれ」と促したところで、相手のモチベーションが上がるわけではありません。そうした**不確かで曖昧なものへアプローチする「思い込みマネジメント」はやめて、相手の「行動原理」にフォーカスする**べきなのです。

この章では、思い込みによる「間違ったマネジメント」の実例を取り上げていきます。

間違い

1

部下ができない理由がわからない

日本のビジネス界では、「長年勤め上げてきた人材」「現場のプレイヤーとして優秀な人材」がそのまま管理職に「昇進」することがよくあります。

ところが、経験豊富で優秀な人材が「言語化能力に長《た》けた人材」かといえば、そうとは限りません。実は優秀なプレイヤーほど、そのスキルは「暗黙知」のうちに行っている場合が多いのです。

たとえば、長年、営業パーソンとして輝かしい実績をあげてきた人が、部下を指導する立場の営業マネジャーに昇進しました。その人が、営業成績がトップの理由を部下から尋ねられたときの言葉です。

「ずっとトップだった理由は、まあ、お客さんに恵まれたからかな。誠実に一生懸命にやっていれば、お客さんにも恵まれるよ」。こう、謙遜ではなく本心からいうのです。

よくいえば「天才型」ということでしょうか。しかし、たとえば「お客様のところには約束の時間の15分前に必ず到着して、頭の中で商談をシミュレーションする」など、結果を出すための行動を明確にして言語化できなければ、チームをマネジメントすること、自分と同じように業績をあげさせることはできません。

プレイヤーとして優秀なことと、管理職として優秀なこととは、まったく別の話だということです。

ミスが発生したときの対応も同様です。

〝仕事ができる〟天才型の上司には、部下がミスをする理由がわかりません。そのため「もっと集中しろ」「焦らず普通にやればいいだろう」「気合いが足りないんだ」などと、図2－1に挙げたような曖昧な言葉を投げかけるだけになってしまいます。

会社全体がうまくいくことを考えれば、極端な話、言語化ができない優秀なプレイヤーは、管理する立場にはならず、現場で優秀なプレイヤーとして働いているほうがいい、といえるかもしれません。

事故やミスを無くすために**上司が使うべきなのは、「行動が明確に示された具体的な言葉」**です。上司には、いわゆる「言語化」の能力が求められるのです。

☑ 見直す
☑ 改善する
☑ 効率化する
☑ 生産性を上げる
☑ 変革する
☑ 真剣に取り組む
☑ 人間性を高める
☑ 一致団結する
☑ 一体感を持つ
☑ 本気を出す
☑ 相手の立場に立つ
☑ 視野を広げる
☑ アンテナをはる
☑ PDCAを回す
☑ 挑戦する
☑ 信念を持つ
☑ ビジョンを持つ
☑ 本質を見極める
☑ 仮説を立てる
☑ 継続する
☑ 優先順位をつける
☑ 構造化する
☑ 安心感を与える
☑ メモをとる
☑ 積極的にやる
☑ マインドを高める
☑ 臨機応変にやる
☑ 思いを込める
☑ 魂を込める
☑ 興味を持つ
☑ 相手のためを思う
☑ レベルに応じて
☑ 波長を合わせて
☑ 懐に入り込む
☑ 見極める
☑ 正確にやる
☑ 丁寧にやる
☑ なる早でやる
☑ しっかりと
☑ きっちりと
☑ 速やかに

職場で何気なく使っている言葉も、
実は"具体性"に欠けたものが多い。
「どんな行動をすればよいか」
を補足する必要がある

図 2-1 あなたは大丈夫？　職場にあふれる曖昧な言葉の例

☑ 意識する	☑ 精査する
☑ がんばる	☑ 評価する
☑ 挨拶をする	☑ 相手目線になる
☑ 心から願う	☑ 表情を読む
☑ 感じる	☑ 空気を読む
☑ 熱意を持つ	☑ 雰囲気をつかむ
☑ 危機感を高める	☑ 顔色をうかがう
☑ 観察する	☑ 心を開く
☑ 洞察する	☑ 関係をつくる
☑ 能力を上げる	☑ 調整する
☑ 確認(チェック)する	☑ 検討する
☑ 点検する	☑ 目的を持つ
☑ 認識する	☑ 意図を理解する
☑ 自覚する	☑ 計画する
☑ 準備する	☑ 俯瞰する
☑ 連携する	☑ 自分で考える
☑ 全体を見る	☑ 肝に銘じる
☑ 想像する	☑ まとめる
☑ 企画する	☑ ニーズを把握する
☑ 徹底する	☑ 推進する
☑ 責任をとる	☑ 整理整頓する
☑ 報告する	☑ 円滑に進める
☑ 相談する	☑ 共有する

間違い

2

「再発防止策の提出」が目的化

ミスや事故が発生した。その際に、当事者に「書類」を提出させる企業も多いものです。いわゆる、始末書や再発防止策などの類いです。

しかし、これらの書類は「提出する」こと自体が目的となっている場合がほとんどで、ミスの減少や事故の再発防止に役立つかといえば、その効果はあまり期待できません。

上司の立場からすれば、「部下に書類を提出させる」ことが1つの業務になっていて、提出の段階でその業務は完了。そこから先の具体的な事故再発防止対策にまで踏み込むことはしないということです。部下側からしても、書類の内容は結局**「より安全を意識します」「以後気をつけます」「肝に銘じます」などといった結論で終わりがち。**これまた曖昧な言葉の連続です。

このような書類に何の具体性もないことは、よくおわかりかと思います。しかし、こうした「書類の提出」という慣習がビジネス現場に定着しているのも現実なのです。

間違い
3

「スローガン言葉」を乱用する

「使うべきではない曖昧な言葉」の代表が、職場で乱用されている「スローガン言葉」です。その言葉は、紙に書かれて現場に張り出されたり、あるいは、朝礼などの場で〝唱和〟されることもあるでしょう。

「何事にも迅速に対応する」「個人情報の取り扱いには細心の注意を」「ミス、事故の報告は正確に」「品質管理を徹底させて」「コンプライアンス重視」……。

ビジネスで使う言葉としては一般的と思われるこれらの言葉も、すべては具体性のない「スローガン言葉」です。

コロナ禍の中において、「自粛」「十分な感染対策」といった、具体性を持たない言葉に「どう行動すればいいのか？」と困惑した人や企業も多かったのではないでしょうか。

ミスや事故を無くすためには、**上司が発する言葉がスローガンであってはならないのです。**

4 特定の「危険因子」に注目する

危機管理（リスクマネジメント）において、よく聞かれる言葉に「危険予知」があります。

文字どおりビジネスの現場に潜む「危険」を予知するというものですが、ひと口にビジネス現場における危険といっても、いろいろ考えられます。

大きく分けるとすれば、企業の危険因子は次の2つになるでしょう。

1つ目は**「従業員の肉体的・精神的な危険」**。具体的には、従業員一人ひとりの行動によって引き起こされる事故や、従業員本人の精神面の疾患などです。

事故に遭遇する、事故を起こす、感染症にかかる……オフィス内、オフィス周辺、通勤途中、営業先、取引先など、ビジネスにおけるあらゆる場面や思いもよらないところに、従業員の肉体的な危険や精神面でのリスクがあります。最近は、うつ病やストレス性障害など、仕事を要因とした精神面の不調も多発しています。

もう1つが**「企業が正常に存続できなくなる危険」**です。たとえば、機密漏洩、訴訟問題、従業員の雇用に関するトラブル、さらにはさまざまなハラスメントなど、企業の存続を左右するような重大な問題が挙げられます。

これらの危険因子を「事前に予知する」ことを無意味だとはいいませんが、そもそも危険やミスの要因をすべて洗い出し、対策を講じておくことはかなり困難な作業です。また、たとえ事前に危険を確認できたとしても、現場で実務にあたる従業員が適切な行動を取れなければ、結局、ミスや事故は発生してしまいます。

たとえば工場に、かつて従業員が誤って指を挟んだ扉があるとします。「この扉は危険である」ということから、従業員全員で毎朝その扉を指さし、「扉、危険」と唱和しているとしましょう。

しかし、人が扉に指を挟むというのは、その扉自体が危険箇所であることだけが原因ではありません。急いで慌てていた、人に呼ばれて気が散ってよそ見をしたなど、イレギュラーな要因の発生によって起こることが大半でしょう。このイレギュラーまで予知するのもまた、きわめて難しいと言わざるを得ません。

ある特定の危険因子を取り出して対策するのではなく、人間の行動原理に合った仕組み

をつくり、イレギュラーな要因を排除することが、危険を回避する早道なのです。

また、危険予知に基づき危機管理マニュアルを作成する企業もよくあります。

たとえば、「情報システム部門」などは、システムを使用する従業員全員のリスクを把握する必要があり、マニュアルを作成する場合が多いでしょう。システムのどこに危険（因子）があるかを特定し、「この操作はするな」「ここではこういうことをしてはダメだ」という「これはするな集」のようなマニュアルをつくるわけです。

一見、細かく具体的な指示がなされていて望ましい状態のように思われますが、実はこれは、**会社全体の生産性を落とす**ことにもつながります。

会社からいわれる「これはダメ」「あれはするな」を守らないことは、「コンプライアンス違反」に該当します。コンプライアンス遵守を名目に「これはするな」のマネジメントに縛られれば、行動力は低下します。思考が固まり動けなくなるといってもいいでしょう。結果として、生産性の低下にも影響するわけです。

当然のことながら、これはすべての企業の、すべての部署にいえることです。

あなたは「これはダメ」という禁止事項ばかりを部下に押しつけてはいませんか？

間違い

5

外部の専門家任せにする

「リスク評価」という言葉をご存じでしょうか。洗い出し、取り上げたリスクが、どの程度業務に影響を及ぼすのか、どの程度の頻度で発生するのかを検証するもので、採用している職場も多くあります。

「何がビジネスにとってのリスクになるか」を知ることは、従業員一人ひとりがどんな行動を取ればいいかを知る材料ともなり、まったく無意味なことだとは言い切れません。

このリスク評価はたいていの場合、現場の当事者ではなく、専門の部署（あるいは外部の専門業者）によって行われます。

現場へのヒアリングや調査によってリスクを洗い出し、影響度と発生の可能性（頻度）という軸でマトリックスを作成し、そこに任意のリスクを当てはめ、「影響が大きいリスクはこれ」「発生の可能性が高いリスクはこれ」と分析し、両方の数値が一番高いものを「最大のリスク」と見なします。

ただ、そうはいわれても、考えなければならないのは、その次の行動です。洗い出されたリスクはさまざまであり、当然、すべてに関して対策を講じなければなりません。

これをそのままにして、**「リスク評価をした」と満足することが、それこそ〝危険〟な**のです。

「リスク評価が目的化している」とは、まさにこのような状態のことであり、そのことにかける外注コスト等を考えれば、これは無駄と言わざるを得ないでしょう。

さらに危険なのは、このリスク評価の結果として挙がった「一番影響度が高く、一番発生の可能性の高いリスク」に、真っ先に取り組もうとすることです。

当然のことながら、このようなリスクは〝一番厄介な問題〟です。言い換えれば、時間もかかるし、あるいはコストもかかるような〝一番手をつけづらいリスク〟ともいえます。

しかし、相手の「行動を変える」ことで安全を確保するという組織行動セーフティマネジメント（ＢＢＳ）の観点からいえば、**もっとも先に行動を変えるべきは、影響度が低く発生の可能性が高いリスク**です。ここで習慣化を根付かせ、**「安全な行動を続ける」という技術を定着**させるのです。

図2−2 習慣化は「影響度が低く、
発生可能性が高いリスク」から着手

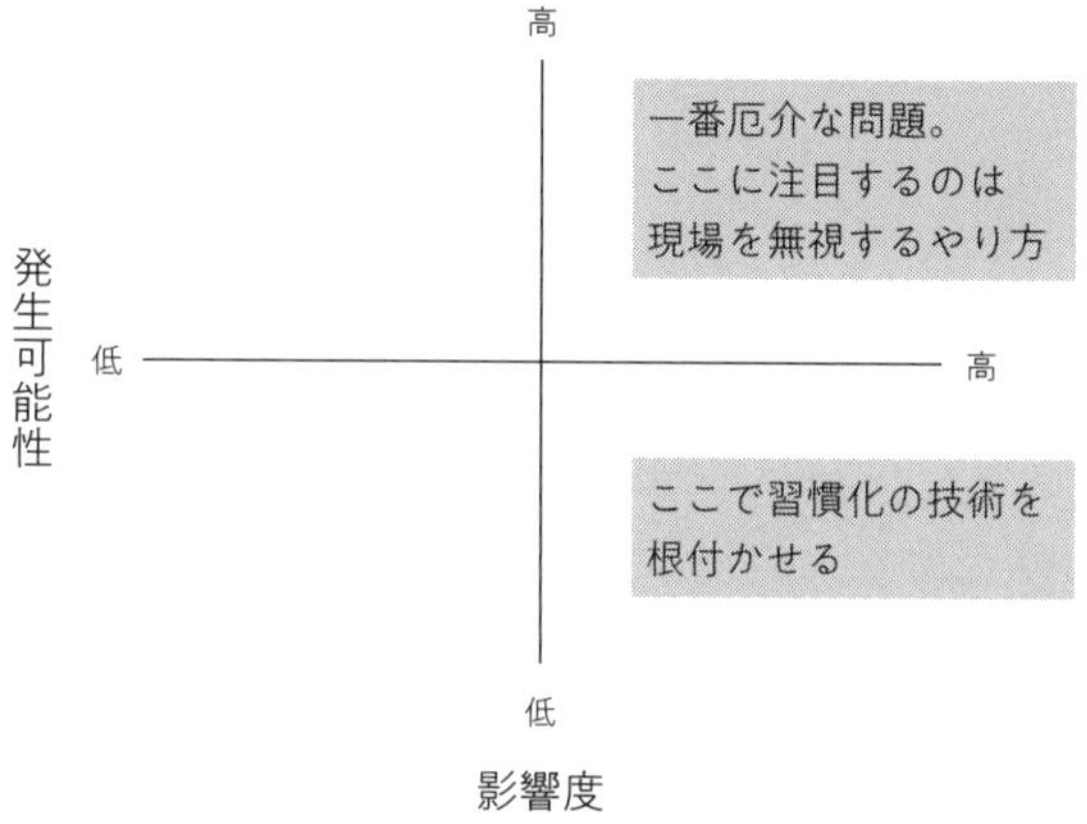

一番影響度が高く、発生の可能性の高いものを取り上げて、「こんなに危険なんですよ」とばかりに注目させるやり方は、ある意味、現場を無視したやり方です。

現場の人員数、仕事量、パフォーマンス等を考慮せずに「評価の結果、このリスクが最優先」という意見を鵜呑みにしていいというわけではありません。「自社のリスクの問題を外部の専門家に委ねる」ことには注意が必要と考えます。

間違い

6

「ヒヤリ・ハット」を叱責する

「ヒヤリ・ハット」というビジネス用語があります。文字どおり、ヒヤリとしたりハッとしたりする事象のことです。

アメリカの損保会社の技師、ハインリッヒが発表した「ハインリッヒの法則」によれば、1件の重大な事故の背後には29件の軽微な事故があり、さらにその裏には300件もの「ヒヤリとした」「ハッとした」ような出来事がある、といいます。

たとえば、車の運転中に何かに気を取られて、ブレーキが遅くなる。刃物を使う作業で、あやうく手を切りそうになる……。死亡事故に至らなかったとしても、こうしたちょっとしたミスというのは、日常的に発生するものです。

重大な事故にまで至らないヒヤリ・ハットを未然に防ぐことは、事故の防止のために必須であり、多くの企業が「ヒヤリ・ハットはすぐ上司に報告するように」と指導しています。

図2-3 ハインリッヒの法則

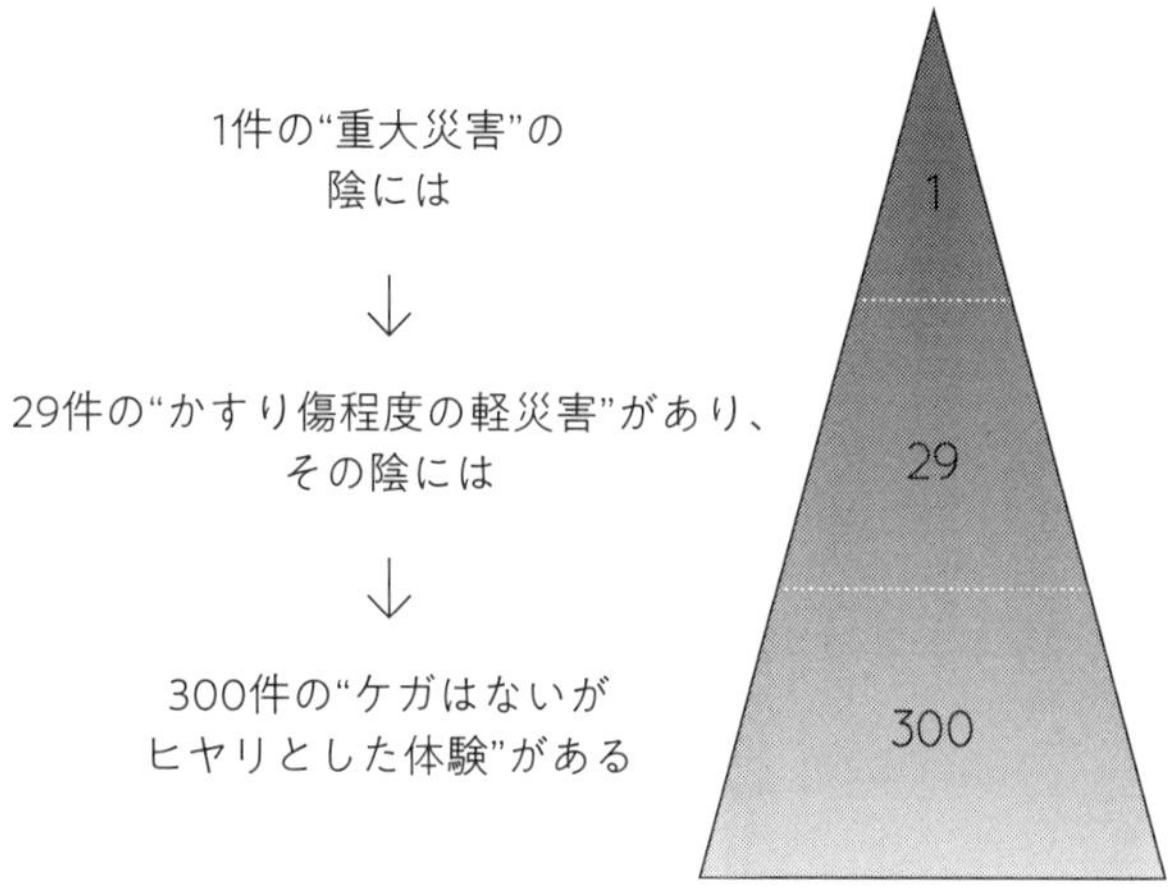
1件の"重大災害"の
陰には
29件の"かすり傷程度の軽災害"があり、
その陰には
300件の"ケガはないが
ヒヤリとした体験"がある
1
29
300

　しかし、現実には「現場からのヒヤリ・ハットがなかなか上がってこない」という声をよく聞きます。

「ウチはヒヤリ・ハットを報告してきた従業員には何らかの評価を与えています」

「評価制度には『迅速な報告』の項目もあります。それがミスの類いであっても、です」

　そういう組織もあるのですが、全然報告がありません。

なぜか。**「報告したところで、たいしたメリットを感じられない」**仕組みになっているからです。もっといえば、逆に「ヒヤリ・ハットを報告したら、叱責されるから」です。

有り体にいえば、「ヒヤリ・ハットを報告した際には評価される」というのは、会社側の「建て前」になっていることが多いのです。

もちろん、評価の基準として実際に規則が設けられており、現実に評価対象となっているはずです。しかし、**「ヒヤリ・ハットを報告した」行動の直後に発生する結果が「上司からの叱責や注意」では、部下はその結果（＝ペナルティ）を回避する**ようになります。

「課長、こんなミスがありまして……」

「え？　おいおい何やってるんだよ！」

これでは、ヒヤリ・ハットの報告は部下にとって〝自首〟のようなもの。

そのため、危険なことがあっても、「ヤバい、危なかった……でも、まあいいか」と報告をせずに自分だけ、あるいは当事者だけの胸の内に〝隠蔽〟してしまう。製造現場、オフィスワーク、接客、顧客対応など、ビジネスのあらゆる場面で起こることです。

従業員が「行動しなくなる」マネジメントは、生産性の面からも、ミスや事故の防止の面からも避けなければなりません。そのために必要なのは、「なんでも話せる（報告できる）土壌づくり」です。

とはいえ、この言葉自体、このままでは「スローガン言葉」です。「なんでも話そう」「風通しのいい職場にしよう」と毎日唱えたところでそのとおりにはなりません。**「なんでも話せる土壌」に必要なのは、「なんでも話せるための〝仕組み〟」**です。

報告をしないという部下を、報告を怠らない部下に変えるには、「行動を発生させる」働きかけをすればいいのです。人間の行動原理に基づいたマネジメントは、まさにここにフォーカスしています。

間違い

7

上司がラクに流される

ここまで見てきたミスや事故を誘発しかねない〝間違ったマネジメント〟には、ある共通点があります。それは、マネジメントする側である上司が「そのほうがラクだ」と考えている、つまり**「行動のハードルが低いことを、行動の結果のメリットととらえている」**ということです。

「曖昧な言葉を使うほうが、具体的に説明するよりもラク」

「ペナルティとして書類の提出を命じれば、マネジメントの責務は果たせたのでＯＫ」

序章でお話しした「従業員のミスや事故のきっかけになるようなこと」は、上司の側にもあてはまるわけで、これが間違ったマネジメントの７つ目です。

「危機管理（リスクマネジメント）」「ミスの減少」という取り組みは、ロジカルでクールな印象を持たれることがしばしばあります。しかし、**ビジネスの現場で起きている問題**

は、人間がそもそも持っている行動原理に由来するものばかりです。そして、こうした人間の行動原理そのものを無理矢理変えようと改善していくことは、非常に難しいのです。

「これからの企業には『安全』を求める文化がなければ、顧客からも従業員からも信頼を得ることができない」「それは企業の命運、生き残りを左右する』。この考え方に賛同される方は多いと思います。

企業文化として、従業員の一人ひとりが「ミスや事故の無い、安全な職場をつくろう」と考えること、「安全」という企業文化を根付かせることが、すべての企業にとっての課題であり、その課題をクリアできた企業こそが、どんな時代背景でも生き残っていける「信頼を勝ち得る」企業といえるでしょう。

では、こうした企業文化の源をつくり出すのは誰か？　もちろんそれは、トップである経営者です。しかし、経営者がいかに立派な企業文化を構想し、理念として据えたとしても、従業員が共感するミッション・ビジョンを掲げたとしても、あるいは経営者が素晴らしい人格者であったとしても、経営者の思う企業文化をすべての働き手に浸透させ、現場に根付かせることは、また別問題となります。

なぜなら、**現場の働き手が見ているのは経営者ではなく、自身の「直属の上司」**だからです。極論すれば、**従業員にとっての企業文化とは、直属の上司そのもの**ということです。

直属の上司がどんな思考をしているのか?

直属の上司がどんな行動をしているのか?

直属の上司が目標としているものは?

直属の上司がどんな言葉を使っているのか?

こうしたことが、現場から見える自社の企業文化です。経営者の考え方や頭の中にまで思いを巡らせることはありません。日々の仕事で接し、自分に大きな影響を与える直属の上司、現場のマネジャーこそが「会社の姿」なのです。企業文化を変え、根付かせるならば、上司自身が変わる必要があります。

とはいえ、先ほどお話ししたように、人間の行動原理を変えることは、非常に難しい試みです。上司が自分自身の内面をなんとかしようと「意識」や「心構え」に着目しても効果はないでしょう。

それならば、この**いかんともしがたい人間の行動原理を逆に利用して、望ましい行動を増やしていこうという手法**が必須になります。

図2−4 7つの間違いマネジメント

第3章

実践編

ミスを無くす仕組みづくりの前提

6つの行動メカニズム

変えるのは意識ではなく「行動」

「ミスの無い職場」

これは素晴らしいビジネスの「結果」の1つといえますが、そもそも、**ビジネスにおける結果とは、すべて行動の集積**です。

企業組織では、経営者以下、マネジャー、リーダー、一般社員、パート、アルバイトなどすべての従業員が日々行動を繰り返していて、その行動が組織全体の結果をつくり出します。

各人が業績アップにつながるなんらかの〝望ましい行動〟を取っていれば、当然のこととしておのずと業績はアップします。ミスを発生させないための行動を取っていれば、これも当然のこととしてミスは無くなります。

反対に、〝望ましい行動〟を取っていなければ、あるいは〝望ましくない行動〟を取り続ければ、業績は下降し、ミスも発生してしまいます。

組織行動セーフティマネジメント（ＢＢＳ）では、この〝**望ましい行動**〟を「**安全行動**」と呼び、〝**望ましくない行動**〟を「**危険行動**」と呼びます。

前述したように、「結果にメリットのある行動」を選択するというのが、人間の行動原理です。そのため、適切なマネジメントを行わないと、人は自分にとって「すぐにメリットを得られる行動」である危険行動を増やしていきます。

組織行動セーフティマネジメントとは、人間の行動原理に基づき、**安全行動を増やすことによって危険行動を無くし、事故やミスを無くそうという取り組み**です。

あなたの部下の中には、ミスばかりしてしまう人がいるかもしれません。そうした彼ら彼女らが決められた行動を取ることができず、ミスをするのには理由があります。それは、職場内に「ミスをするような行動に導くメカニズム」があるからです。

本章では、次の６つの行動メカニズムを解説していきます。

①人の行動には「先行条件」「行動」「結果」というサイクルがあり（ＡＢＣモデル）、その結果がまた次の行動を促す
②人は「ポジティブな結果が」「すぐに」「確かに」出る行動をもっとも繰り返す
③人の行動は「増やすべき行動（不足行動）」と「減らすべき行動（過剰行動）」に分けられる
④人が取るべき行動を取れない理由は、「やり方を知らない」から
⑤人が取るべき行動を取れないもう１つの理由は、「やり方は知っていても、それを継続する方法を知らない」から
⑥人は苦手な行動でも「ちょっとずつ」やればできるようになる

ミスについていえば、「正しいやり方」、すなわち「取るべき行動（安全行動）」を知り、「安全行動を継続する」ことさえクリアしていれば、皆「ミスのない人」になれるということです。人が行動するメカニズムを理解することで、ミスを無くすための方法が見えてきます。

行動
メカニズム
1

人には「行動するサイクル」がある（ＡＢＣモデル）

まず知っておいていただきたいのは、「人はなぜ、行動を積み重ねるのか？」というメカニズムです。

人が行動を起こすときには、次の「行動サイクル」があります。

A　(Antecedent)　先行条件……行動を起こすきっかけ。行動する直前の環境
B　(Behavior)　行動……行為、発言、ふるまい
C　(Consequence)　結果……行動によってもたらされるもの。行動した直後の環境変化

人が行動を起こすには、行動のための「条件」、つまり「なぜ行動をするのか」という理由があり、次に、その条件を満たすために「行動」し、行動の後には「結果」が生ま

図3-1 ABCモデルとは

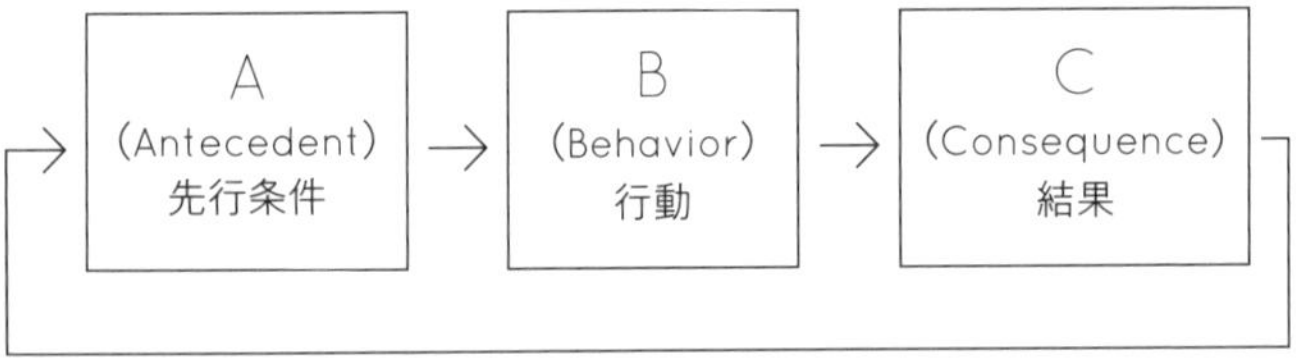

条件があるから行動が必要となり、行動には結果が伴う。
結果が望ましいものであれば、
人間は同じ条件のもとでは同じ行動を取るようになる

れ、その結果が、また次の行動を促す（あるいは促さない）のです。

いわれてみれば当たり前のことと思われるかもしれませんが、これが行動科学の基本である「ＡＢＣモデル」と呼ばれる概念です。

たとえば、窓を閉め切って暑い部屋にいるときのことを想像してみてください。

「部屋が暑い」（Ａ＝先行条件）
「窓を開ける」（Ｂ＝行動）
「涼しくなった」（Ｃ＝結果）

では、「部屋が暑いときには窓を開ける」という行動を積み重ねるのは、なぜでしょうか。

影響を与えるのは、Ｃの「結果」です。窓を開けて「涼しくなった」という結果があれば、部屋が暑いとき（Ａ）には、また窓を開けるという行動（Ｂ）を繰り返し、習慣とするでしょう。

では、結果が違ったものだったとしたら？

もし、**窓を開けても別に涼しくならなかったとしたら、もう窓を開けるという行動は起こさない**はずです。エアコンをつけるなど、別の行動を選択するでしょう。

行動の結果、メリットがある、もしくはデメリットを避けられる行動は繰り返し、メリットがない、もしくはデメリットがある行動は繰り返さない。

これが人間の行動原理です。「条件」↓「行動」↓「結果」↓「条件」……こうしたサイクルのもとで、人間は行動を積み重ねるのです。

行動の結果がデメリットのあるものだったら？

このサイクルを、ビジネスの現場に当てはめてみましょう。

たとえば、上司からこんなことをいわれたとします。

「わからないことがあったら、必ずそのつどなんでも質問するように」

部下はその言葉を受け、「これがわからないんですが」と簡単な事柄について上司に質問しました。

この行動の「結果」として、次の2つのケースを想定してみてください。

結果A：上司が忙しかったので「そのくらいは自分で考えてやってみろ」と叱られた。

結果B：簡単な質問だったにもかかわらず「よく質問してくれたね」と評価された。

さて、その後「わからないことがあった」場合、「そのつど質問する」という行動を繰り返すのは、どちらのケースでしょうか？　もちろん、Bですね。なぜなら、行動の結果が「上司から評価される」という、自分にとってメリットのあるものだったからです。

前章の「ヒヤリ・ハットを報告すれば評価する」というマネジメントの話を思い出してみてください。

「ヒヤリ・ハットはすぐ上司に報告するように」という指示にしたがって報告という行動を取った結果、評価どころか、「何をやってるんだ！」と怒られる。これでは、報告がなかなか上がってこない＝行動が習慣化されないのも当然です。

「行動の結果がデメリットのあるものならば、行動は繰り返されない」

単純なことですが、この原理を理解できていない上司が多いのです。

行動
メカニズム

2

習慣化のカギは「ポジティブ」「すぐに」「確か」という結果

「メリットのある結果」について、もう少し説明しましょう。

行動科学マネジメントでは、行動の「結果」を、「タイプ」「タイミング」「可能性」の3つの組み合わせで考えています。

【タイプ】ポジティブ（Positive）か？　ネガティブ（Negative）か？

【タイミング】すぐ（Sugu）に生じる結果か？　後（Ato）で生じる結果か？

【可能性】確か（Tashika）な結果か？　不確実（Fukakujitsu）な結果か？

これらの条件の組み合わせを見て、与える結果が行動を繰り返し発生させるものか、つまり継続、習慣化させやすいものかを判断するのが、「PST分析」という手法です。

・ポジティブ（P）で／すぐ（S）に／確か（T）
・ポジティブ（P）で／すぐ（S）に／不確実（F）

・ポジティブ（P）で／後（A）で／確か（T）
・ポジティブ（P）で／後（A）で／不確実（F）
・ネガティブ（N）で／すぐ（S）に／確か（T）
・ネガティブ（N）で／すぐ（S）に／不確実（F）
・ネガティブ（N）で／後（A）で／確か（T）
・ネガティブ（N）で／後（A）で／不確実（F）

この組み合わせのうち、もっとも行動が繰り返し発生しやすいのが、「ＰＳＴ」、つまり、「ポジティブな結果が、すぐに、確実に」出るという場合です。

「ヒヤリ・ハットを報告したら、怒られずに感謝された（Ｐ）」「しかもその場ですぐに（Ｓ）」「もちろん毎回必ず（Ｔ）」……という図式ですね。

逆に、行動が繰り返し発生しづらい「結果」は、「ＰＡＦ」（ポジティブ・後で・不確実）と「ＮＡＦ」（ネガティブ・後で・不確実）の組み合わせのもの。即時性も確実性もないものは、ポジティブ、ネガティブに関係なく、行動の継続、習慣化の効果が薄いのです。

図3−2 PST分析の結果の力関係

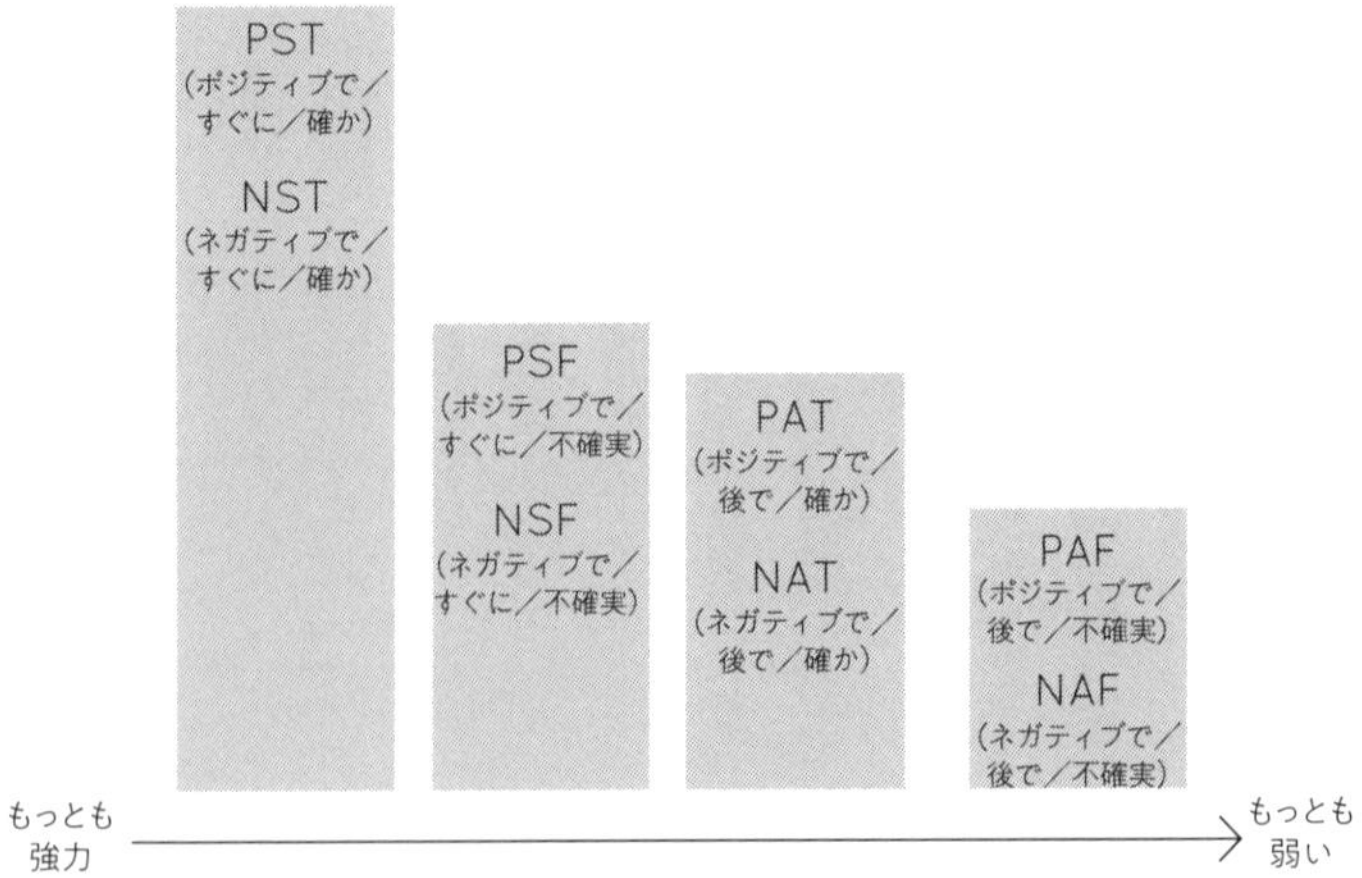

「ミスの報告は評価基準とする」と宣言してもなかなか報告が上がってこない。これも、「ミスの報告」という行動の「結果」として、「評価の対象となる」こと自体が、ポジティブではあるけれど、評価されるのは年度末、しかも不確実ということになら ば、「ＰＡＦ」の組み合わせとなります。

同様に**「皆勤賞」や「ミスをしなかったらボーナス」といった特典も、実は行動を繰り返すためのメリットにはなりづらい**のです。

即時性と確実性を持つ。つまり、結果が「すぐに」「確かに」現れるものでなければ、行動への影響は小さい、というわけです。

3

行動には「不足行動」と「過剰行動」がある

事故やミスを防止するために、上司は部下のどんな行動にフォーカスし、発生をコントロールすればいいのでしょうか。

フォーカスすべき行動は、大きく分けて2つあります。

1つ目は「不足行動」。簡単にいえば、**現在は不足していて、部下に「増やしてもらいたい行動」**のことです。事故やミスを無くすためであれば、増やしてもらいたい行動は「安全行動」（〝望ましい行動〟）ということになります。

たとえば、工場の製造現場で機械に指を挟まれるという事故が発生するのであれば、作業者にケガを防ぐことのできる手袋を必ずするという〝望ましい行動〟を身につけてもらうということです。安全のために必要な「手袋を必ずする」という、今まで不足していた行動を増やすわけです。

ビジネス全般でいえば、売上アップのための営業訪問件数であったり、報告・連絡・相談（いわゆる報連相）の数、ミーティングでの発言数などが挙げられるでしょう。

また、これはビジネスマネジメントのみで着目するものでもありません。セルフマネジメントでも必要な視点です。たとえば、ダイエットの際の有酸素運動や筋トレ、学習における勉強時間、健康のための早起き習慣などは、増やしたい「不足行動」になります。

2つ目のフォーカスすべき行動は「過剰行動」です。

「不足行動」とは反対に、**「減らさなければならない行動」**です。前述した「安全行動」に対して「危険行動」（〝望ましくない行動〞）がこれに当たります。

ビジネスでは序章で紹介した発注ミスなどがこれに該当しますが、ほかにも営業中のサボり、勤務中の同僚とのおしゃべり、ターゲットのずれた顧客訪問などが挙げられます。

セルフマネジメントではダイエット中の間食や勉強中の遊びの動画視聴、健康を害する喫煙習慣などが、減らしたい（あるいはやめたい）行動になります。

「どんな行動を増やせば、望ましい成果が出せるか」
「どんな行動を減らせば、望ましい成果が出せるか」

「どうすればその行動を増やせるか（あるいは減らせるか）」を考えることが、〝行動にフォーカスした〟マネジメントの基本です。そして、これらは「意識を変える」のではなく、「仕組み」＝行動のコントロールによって可能となります。

不足行動は増えづらく、過剰行動は減らしづらい

とはいえ、ここには人間の行動原理に基づく厄介さも伴います。「不足行動」は増やしづらく、「過剰行動」は簡単に増えるという特徴を持っているからです。

それには前述の「ＰＳＴ分析」の即時性、確実性が大きく影響しています。つまり、**「不足行動」の「結果」が、すぐに、確実に享受できるものではないからです。そして「過剰行動」の「結果」が、すぐに、確実に享受できるもの**だからです。

たとえば、セルフマネジメントとしてのダイエットで考えると、１回くらいランニングをしたからといって、あるいは１回くらい筋トレをしたからといって、それが行動の結果

として、すぐに「体重の減少」というわかりやすい数値に現れるものではありません。

一方、減らしたい行動である過剰行動はどうでしょうか。**「1回間食をした」。すると、すぐに、確実に〝美味しかった、満足した〟という結果を享受できる**わけです。

ビジネスでも同様です。営業パーソンがある1日の訪問件数を増やしたところで、それが自身の営業成績アップに即つながるかといえば、そんなことはないでしょう。

一方、顧客訪問をサボってカフェでのんびりすることは？　すぐに、確実に〝心地よい〟という結果を得られます。

ミスを報告したら、ヘルメットのひもを確実に締めたら、それで、すぐに確実に享受できるメリットはないでしょう。組織行動セーフティマネジメントにおける不足行動＝安全行動も、即時性、確実性が得られにくいものです。

増やしづらい不足行動と、減らしづらい過剰行動。この2つの行動の特徴はマネジメントの際に重要な意味を持ちます。ぜひ覚えておいてください。

行動
メカニズム

4

人が「できない」理由その1：「やり方」を知らない

決められたことができず、ミスばかりしてしまう人に対して、ミスをする原因を、その人の「性格」や「やる気」「姿勢」の問題として片付けても何も解決にはつながりません。「意識」の問題としてとらえ、内面にフォーカスして〝変えよう〟とすることもNGです。

ミスをする理由をその本人に求めて、解決を図るのではなく、**その人がなぜそうした行動を取るのか、そのメカニズムを理解して、そこから解決していく**必要があるのです。

行動科学では、人が物事を〝できない〟理由は2つあるとしています。

1つは「『やり方』を知らないから、できない（ミスをする）」という理由です。そして、もう1つが「やり方を知っていても『継続の仕方』を知らないから、できない（ミスばかり）」という理由です。

まず「やり方を知らない」について説明しましょう。

「やり方」とはすなわち、知識や理論、技術のこと。何を、どうやって、どんなことをポイントとしてやればいいかという、「スキル」に該当する部分です。言い換えれば、これは「どんな行動をすればいいいか」「どのように行動すればいいか」ということです。

「機械の操作はどうやればいいのか？」「正しい接客の手順は？」「書類の書き方は？」などを知らなければ、ミスが起こるのは当然でしょう。

教える内容を2つに分ける

では、「ミスの無いやり方」、つまり「取るべき安全行動」を部下に教える際の注意点は、どういったものでしょう。

ここでも、着目すべきは相手の「行動」です。まず上司にとって必要な作業は、教える内容を「知識」と「技術」に分けることです。

たとえば、基本的な作業のルールやマナー、仕事に必要な道具の種類や使用法などを教えることが「知識」に該当する部分。そして実際の動作、道具の扱い、書類等の書き方を教えるのが「技術」を教えるということになります。

図3－3 知識と技術は分けて考える

知識
- 作業手順・ルール
- 就業規則
- 接客マナー
- 機械の基本的な操作法　等

技術
- 効率的な作業方法
- 書類の書き方
- 会話術
- 機械の有効な操作法　等

相手に何が不足しているのかが見えてくる

もちろん、仕事によっては知識と技術を明確に区別することが難しい場合もあります。そんなときは**「『知識』は、聞かれたら答えられること」「『技術』は、やろうとすればできること」**と考えればいいでしょう。

こうして教える内容を2つに分けて整理しておくことで、相手に「どんな知識、どんな技術が不足しているのか」が見えるようになります。

また、相手に順序立てて物事を伝えることや、「どこからどこまで教えればいいのか」の決定が容易になるのです。

取るべき行動は、具体的に、分解して伝える

さらに注意しなければならないのは、技術を伝える際の「言葉」です。

「曖昧な言葉」で物事を伝えても、相手はどう行動していいかわからず、自分なりのやり方で作業をしてしまい、それがミスや事故を招くという悪循環を引き起こします。

・最後にしっかりと確認する
・確実に扉を閉める
・お客様に失礼のないように
・真剣な態度で
・適切な処置を施す
・正確に見る

などという「スローガン言葉」は、絶対に使うべきではありません。

そして、行動に具体性を持たせるためには、行動を「分解して伝える」ことも大切です。

たとえば、「炊飯器でごはんを3合炊く」という家事を分解してみましょう。

☑炊飯器の内釜に計量カップで米を3杯入れる
☑内釜に水を入れ、米を洗う
☑濁った水を流し、さらに新しい水を入れて洗う。これを3回繰り返す
☑内釜の「3」の目盛りまで水を入れる
☑米と水の入った内釜を炊飯器に入れて、フタを「カチン」と音がするまで閉める
☑「入」のスイッチを押す

こうなります。「米をちゃんと洗う」「適量の水を入れる」など、曖昧な言葉は使われていませんね。これが行動の分解です。

「そこまで細かく分解して伝えなくても、常識で考えればわかることだってあるだろう」

そう考える人もいるかもしれません。

しかし、第1章で紹介した「栓抜きを使って瓶の栓を抜く」という指示で起こったミスの話を思い出してください。「常識」「経験値」「知識量」は、人それぞれです。

自分では常識、知っていて当然と思っていることも、相手によっては未知の作業であるかもしれないのです。

行動
メカニズム

5

人が「できない」理由その2：「継続の仕方」を知らない

やり方（知識・技術）を知っていても、できない。それは「（行動の）継続の仕方を知らない」からです。たとえ安全行動の取り方がわかっていても、続かないのであれば、意味はありません。いずれミスや事故が発生してしまうでしょう。

安全行動は継続され、やがて「習慣」として定着しなければなりません。

ここでいう**習慣とは、「しなければならないこと」が「しないと違和感を覚えること」になり、やがて「自然にやっていたこと」になるレベル。**行動が定着し、誰かからいわれなくても、自発的に（安全）行動を取るというのが目指すゴールです。

では、行動を習慣化させるにはどうすればいいのか？

ここで、これまで見てきた「行動のメカニズム」をもう一度思い起こしてください。

そう、「人は行動の『結果』にメリットがあれば、その行動を繰り返す」のです。

ということは、人に行動を継続させ、習慣化させるには、**行動の結果を「メリットのあるもの」に変えればいい**わけです。

このように意図的に、結果にメリットを与えることを、専門的には「行動の強化（リインフォース）」といいます。行動科学マネジメントの「継続の仕方」の基本は、この行動の強化の工夫にあるといってもいいでしょう。

60秒以内に「ほめる」ことで動機付け

「ポジティブ」で「すぐに」享受できる「確か」な結果が、人に行動を繰り返させるというお話をしました。したがって、上司が部下の行動を称賛する、**つまり「ほめる」ことは、きわめて効果的な行動の強化**となります。しかも、すぐに、その場で、がポイントです。

行動科学マネジメントには「60秒ルール」というものがあります。**「すぐに」とはどのくらいの時間かというと、60秒以内が効果的**という実験結果があるのです。

「ほめる」というと、なんだか気恥ずかしいという人もいるかもしれません。私が研修を行った企業でも、「部下をその場でほめるなんて、やり慣れていない」という管理職が大勢いたものです。ちなみに、そんな管理職の大半は50代以上。50代以上の人は「叱られて育ってきた」世代です。家では親に叱られ、学校では教師に叱られ、部活では先輩に叱られ、職場では上司に叱られながら育ってきたのですから、「ほめること」をすすめても、少し抵抗があるようです。

しかし、ここでの「ほめること」の目的は、あくまでも動機付けです。行動の結果にメリットを与えるという、マネジメントの手法の1つです。

「叱ることよりも、ほめることのほうが効果的」と割り切ってどんどん部下をほめましょう。

「承認」による行動の強化

「ほめられた」とまではいかなくても、相手に「認められた」ということもまた、行動の強化につながります。**人は他者から認められたいがために、行動を繰り返す**場合もある、ということです。

この「承認欲求」は特に若い世代に強いという傾向があります。わかりやすい例は、SNSの「いいね！」です。「いいね！」をたくさんもらえるのがうれしいから、投稿に力を入れる。投稿に「いいね！」をたくさんもらえたという「結果」が、さらに投稿に拍車をかけるわけです。

承認には**「結果承認」「行動承認」「存在承認」**の３種類があり、ビジネスでは成績や成果、目標達成を称賛する「結果承認」が一般的によく行われます。「社長賞」「金一封」などはその例です。

しかし、ここで重視したいのは「行動承認」。**望ましい行動を取った際の称賛**です。たとえば、日々の安全確認や報告に対してその場でほめる、あるいはチェックリストにチェックをするたびに「今日もＯＫだね！」と声をかける、などです。

事務職などの間接部門は、達成すべき数値目標を設定しづらかったり、行動が見えづらかったりもするでしょう。そんな場合は、「あなたがいてくれてよかった」という意味の「存在承認」をすることが効果的です。具体的には、「○○さん、ありがとう」と、相手の名前を呼んで感謝の気持ちを伝えましょう。

図3−4 承認の3つの種類とほめるポイント

●承認の3つの種類

結果承認	社長賞、金一封など
行動承認	その場でほめる、声がけ
存在承認	名前を呼ぶ

称賛され、承認欲求を満たされることは、
行動の「メリットのある結果」となり、望ましい行動を継続させる

●ほめるポイント

	○	×
ほめる対象	行動	性格・内面
タイミング	行動が発生して 60秒以内	月末、年末の表彰、 思いついた際など
言葉の例	「○○をやった (行動した)ね」 「ありがとう」 「助かったよ」など	「がんばるねえ」 「気合い入ってるね」 「真面目だね」など

行動メカニズム
6

「ちょっとずつ」やればできる

人間の行動原理に従った習慣化のコツは、いきなり大きなゴールを狙わないことです。技術の習得などに関しても、簡単な覚えやすい作業から始めて、それが習得できたら次のやや高度な作業を、それができたらさらに難しい作業を……というように、徐々にレベルを上げていくことが基本です。

この「ちょっとずつやる」というやり方は、**「苦手とする行動」の克服にきわめて大きな効果を発揮**します。

たとえば、子どもに水泳を教える場合を考えてみましょう。「まずは水（プール）の中に入る」「水の中を歩く」「水に顔をつける」「頭まで潜ってみる」「浮いてみる」といった具合に、〝水に慣れる〟ことから始めて、徐々に泳げるようにするでしょう。

かつては「いきなり水に落とす」なんていう荒っぽい指導法もありましたが、それでは水に慣れていない子どもは、水への恐怖やトラウマを植え込まれるだけです。

これと同様のことが、ビジネスでもいえます。

たとえば「人前で話すことが苦手」という部下に対して、「何事も経験が大事」「度胸をつけろ」とばかりに大勢の前でプレゼンテーションをさせたり、電話営業での成果を求めたりする。これは「いきなり水に落とす」ことと同じです。

特に今の若い世代は、「電話での会話」すら慣れていません。「栓抜きの存在を知らない」若者同様に、「固定電話を知らない」若い人たちも多いのです。

☑まずはメールやLINEではなく、電話での会話で商品の発注や確認作業をしてもらう
☑それがスムーズにできるようになったら、あらかじめ用意した原稿を見ながら営業電話をかける（ここでは成果を問わない。「電話をかけた」という行動を承認する）
☑少人数のプレゼンテーションで「開会の挨拶」だけを担当させる
☑少人数のプレゼンテーションで「司会進行」を担当させる
☑全体のプレゼンテーションで「一部分」だけを任せる

こうして徐々に徐々に「スモールゴール」をクリアしていくことによって、その先にあ

る「最終ゴール」（この場合は「〝人との会話が苦手〟の克服」）に到達させるのです。このやり方は**「系統的脱感作法」**という、臨床心理学の分野で確立された科学的な手法です。

「ミスをしない」ことでの達成感と自己効力感

スモールゴールを設定し、それをクリアしていく方法では、「達成感」と「自己効力感」という、行動の継続を後押しする大きなメリットが手に入ります。

「行動の結果として〝やり遂げた〟ことの満足感を覚える」、これが達成感。

「行動の結果として〝自分にもできるんだ〟という自信を得る」、これが自己効力感です。

これらの、いってみれば「気持ちよさ」を享受するために、人はまた行動を繰り返す。これも人間の行動原理です。

「ミスの無いように確認を徹底する」と毎日説くよりも、**簡単な作業で「ミスをしない」という達成感、自己効力感を味わってもらい、その成功体験がさらに次の成功へと向かわせる、**というスパイラルをつくり出せれば、行動の定着、習慣化は難しいことではありません。

ただし、これは「悪習慣」のスパイラルであることも覚えておいてください。

「不足行動」と「過剰行動」の節でお話ししたように、「過剰行動」、つまり危険行動の結果には即時性、確実性があります。

「作業工程が短縮できた」「時間をかけずに早く終わった」などの、すぐに、確かに享受できるメリットにも、この達成感や自己効力感があります。「急いでいるときに階段から飛び降りる」。これにも「時間に間に合った！」というメリットがついてくるわけです。

マネジメントする側は、こうした**悪習慣のスパイラルをなんとかやめさせようと働きかけるのではなく、その代わりとなる「安全行動」の習慣化を図る**べきです。

たとえば階段に足型をつけておき、階段を上り下りする際にはその足型を踏むようにする。そしてその行動を必ずチェックする、といった取り組みも考えられます。「階段を飛び降りないようにしましょう」（危険行動をやめさせる）ではなく、「足型を踏みましょう」（安全行動を習慣化させる）というアプローチですね。

「ほんのちょっとした行動でも、それを継続させ、習慣化させることで大きな成果（安全）につながる」という話です。

人間の行動のメカニズムをよく理解していただけたと思いますので、次章ではミスや事故を無くす具体的な仕組みの構築を説明していきます。

第4章

実践編

ミスを無くす仕組みづくりの実践

5つのステップ

「やらされ感」のある行動はやらなくなってしまう

これまでお話ししてきたように、行動科学マネジメントによるミスや事故の防止策は、「安全行動を増やすことによって危険行動（ミスや事故）を無くすこと」です。そして、部下が**安全行動を「仕方なくやっている」のではなく、「自然にできている」状態にする**ことがゴールです。

ここで上司が気をつけなければならないのは、部下に「やらされ感」を持たせてしまうこと。言い換えれば、**「行動自発率」**が大事ということになります。

人は「やりたいから、やる」という行動に対しては、その行動をどんどん増やしていきます。逆に「やらなければならない」行動は、最低限のことしかやらず、増えていきません。

このとき、行動の「結果」にメリットを与えれば、部下は望ましい行動を「やりたいから、やる」ものとします。これが、第3章で説明した「ＡＢＣモデル」です。

「やらされ感」を助長するもの

こうした考えを踏まえると、**注意や罰則といったペナルティが、ミスや事故を防止するにあたってさほど効果がない**、ということがおわかりいただけるかと思います。

ペナルティは「安全行動」を増やす効果がなく、また同時に「やらされ感」を助長するものだからです。

もちろん、「大勢の前で叱責された」「危険行動を取ったことによって始末書を書かされた」というペナルティがあれば、部下は危険行動を取ることをやめるでしょう。自身の行動の結果がデメリットのあるものだったわけですから。

しかし、それも一時的なものです。なぜなら、部下にとっては、叱責されたことによって（危険行動を取らずに）安全行動を取るのは、「自発的な行動」ではないからです。

そして、「注意されるから」「罰があるから」といって取る行動には、強力な「やらされ感」があるわけです。したがって、その行動を増やすことはできません。**上司が見ていないところでは従来のままの行動を取る**、ということになります。

また、再三お話ししているとおり、注意やペナルティで相手が〝心を入れ替える〟ことはありません。注意力のない人を〝注意深い人〟に変えようとしても無駄なのです。**フォーカスすべきは、内面ではなく行動。そのために環境を整える。**常にこの大前提を忘れないようにしてください。

まずは現場に取り組みを周知する

ミスを無くす仕組みを導入する際は、現場への周知が不可欠です。

上司が突然、これまでとは違うやり方を始めても、部下は「なんのことだ？」と戸惑うだけ。新しい習慣を身につけようとは思わないでしょう。

「ミスや事故を回避し、職場を安心、安全な環境にするために『安全行動』を習慣化する取り組みを始めます」

小さな会社であればトップが、大きな会社であれば現場マネジャーが、部下全員にそう伝えましょう。これがミスや事故を無くす最初のステップになります。

ステップ１

特定１

繰り返し発生しているミスや事故を特定する

安全行動を習慣化するステップは、大きく「特定」と「継続」に分けられます。

「特定」の段階では、ミスや事故の実態を正しく把握し、「安全な状態」とはどんな状態なのか？　どのような行動によってそれがつくられているか？　そこで外せない行動とは何か？　を特定します。

「継続」の段階は、その状態を習慣化し、組織に根付かせるための取り組みです。この2つの段階を経ていくことが「ミスや事故の無い職場」づくりの実践ということになります。

まずはミスや事故の実態を知る。つまり、ミスや事故の「特定」ですが、このことを経営陣や管理職に伝えると、こんな反応が返ってきます。

「そんなことは、もうわかっています」。ミスや事故が発生したという報告は受けている。

図4-1 4つの特定と継続のステップ

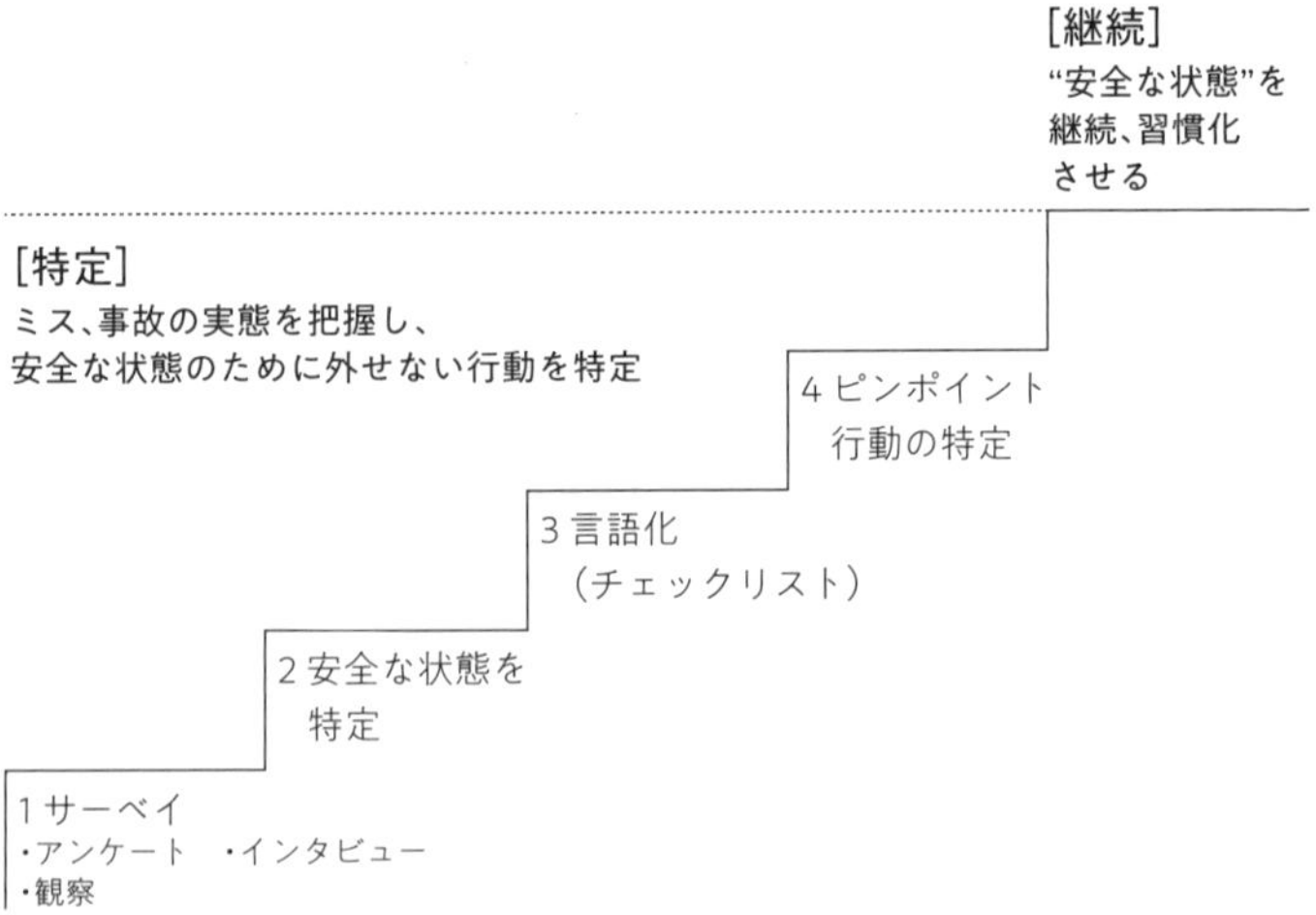

だから、それを「特定」する作業は無意味だ、ということでしょう。

確かにどんなミスが発生したか、どんな事故が起こったかは、把握できているかもしれません。しかし、その〝実態〟については、実はあまり目を向けていないのが現実です。言い方を換えれば、ミスや事故の**「根本原因」に目を向けていないのです。**

第2章で「ハインリッヒの法則」を紹介しましたが、ハインリッヒはまた、**すべてのミスや事故の88%は不安全な〝行動〟に起因する**としています。つまり日常業務において無意識下で当たり前のように繰り返されている作業=行動が、多くの事故の要因になるのです。

それでも「原因分析はしています」という経営陣、管理職もいます。

しかし、ミスや事故を起こした当人からすれば、「原因が自分だった」などということは報告しづらいものです。「ヒヤリ・ハットの報告は従業員にとって〝自首〟のようなもの」と前述しましたが、まさにそれです。

また行動の直後に当人にとってメリットのある行動を繰り返すといった行動原理は、長年、論理的な経営手法を重視してきた経営陣や管理職には、にわかに理解しがたいものでもあるのです。そのため、ミスや事故が発生した場合、その原因を「従業員のスキル不足」など、単純なものと判断してしまうことも多いのです。

「ミスや事故の実態はわかっている」とのひと言で終わらせずに、まずは「ミスや事故が繰り返し発生している現場（の環境）」を俯瞰《ふかん》してみることが大事です。

「サーベイ」＝現場の姿を知る

ミスや事故の根本原因を知るために現場を見る。その具体的な方法が「サーベイ（調査）」です。

特殊な技術に感じられるかもしれませんが、サーベイは「アンケート」「インタビュー」「観察」という3段階で成り立ち、専門的な知識や技術を必要とするものではありません。

ただし、会社の規模にもよりますが大がかりな作業にはなるでしょう。企業は従業員一人ひとりの行動の集積によって成り立っています。企業活動のどこにミスの原因が潜んでいるかはわかりません。そのため、全従業員を対象として行う必要があるのです。

会社の事情により、全従業員を対象に行うことが難しい場合もあるでしょう。その場合は製造部門などミスや事故が大きな問題につながりかねない部署だけで始めるケースも考えられます。しかし、それだとミスや事故の根本原因の特定が難しくなることもあります。できるだけ早期に全社で行うことをおすすめします。

アンケート

従業員への「アンケート」は、必ず匿名のアンケート調査として行います。

ミスや事故が発生した場合は、その際の詳しい状況を説明してもらいますが、そういったことがなくても、普段から不安に思っていること、「危険行動」だと感じていることなどを記入してもらいましょう。ミスや事故が発生した場合はすみやかに「アンケート」を

図4-2 アンケートでのポイント

☑「匿名」でのアンケート

☑ ミスや事故が発生した際には、そのつどすみやかに実施

☑ 半年に一度のペースで定期的にも実施

☑ 紙でもメールでもOK

行い、また**普段でも半年に一度くらいのペースで実施**するのが望ましいでしょう。

　こうして現場の状況を把握することは、「危険予知」のためではなく、あくまでも**「どのような行動が安全行動なのか」**を導**き出す**ためのものです。危険予知には限界がありますし、ここで「これはダメ」「あれはするな」という禁止事項をつくることが目的ではありません。「職場の現状を知ること」を、第一義と考えてください。

　アンケートの結果、危険行動が10以上見つかる、ということもよくあります。

　このアンケートは、アンケート用紙を使って直接行っても構いませんが、職場のシフトの違いから上司と頻繁に顔を合わせ

ない従業員もいることを考えれば、メールで行うのがやりやすいでしょう。

インタビュー

アンケートを集計して現場の状況がざっくりと見えてきたら、次はさらに詳しい状況を知るために「インタビュー」を行います。会社の規模にもよりますが、現場で働く従業員の1割以上を対象とするといいでしょう。

ここでの目的は、アンケートで知ることのできた危険行動が、実際にはどういうかたちで、どの程度の頻度で起きているかを正確につかむことです。

「工場での転倒事故がよくある」ではなく、**「どんな時間に、どんな人が事故を起こしているのか？」**、「発注ミスが多い」ではなく、**「何の発注の際にミスがあるのか？　どのくらいの頻度で起こるのか？」**を直接聞き出します。もちろん、ここでも匿名性を保証して、インタビューを受ける人がなんでも正直に話せるようにすることが重要です。

こうしたインタビューは、普段一緒に働いている現場のマネジャーが相手だと答えづらい、という場合もあります。そんなときには、外部の第三者（他部署のマネジャーなど）をインタビュアーとして立てるのがいいでしょう。

図4–3 インタビューでのポイント

☑ ありのままを聞き出すため、インタビュアーは第三者が望ましい（外部あるいは他部署の人間）

☑ 一対一でもグループインタビューでもOK

☑ 制限時間を設定（およそ1時間）

インタビューは一対一の形式でも、10人程度までのグループインタビューでも構いませんが、ダラダラと時間をかけず、**制限時間（およそ1時間まで）を設けておくこと**をおすすめします。インタビューの一番のポイントは、相手に現場で起きている事実をありのままに語ってもらうことです。そのための条件づくりを心がけましょう。

観察

インタビューでその従業員が実際にどのような傾向の行動を取っているのかがつかめても、それだけではほかの部署や従業員個々のレベルでの比較をすることは難しいでしょう。その傾向がすべての従業員に当てはまるとは限らないわけです。

そのため、インタビューでわかったことが現場でどのように現れているかを確認するため、従業員の行動を「観察」することが必要です。

実はこの**観察こそが、現場マネジャーにとって特に重要な仕事**なのです。


たとえば、「工場の製造現場につながる階段を飛び降りる」ことで発生する事故。これもアンケート、インタビューでは「階段でケガをする人が多い」という事実のみで終わってしまうかもしれません。普通に考えれば「傾斜や老朽化、滑りやすさなど、階段そのものに問題があるのでは？」となるでしょう。

しかし実際に行動を観察することで、「始業時間に遅刻しないように急いでいる人が多い」「一段一段の幅が狭く、階段を下りる際に時間がかかる」などの傾向が見られ、そのため「飛び降りる」なんていう無茶な行動をする従業員がいる、ということが見えてくるのです。

もちろん、階段事故の原因はこれがすべてというわけではありませんが、実際の現場を把握することで、従業員の行動の傾向は、より具体的に、より明確になるわけです。

図4-4 観察でのポイント

☑ 観察者は複数（3人程度）

☑ 外部または他部署の人間が望ましい

☑ 着目するのはスタッフの「行動」

☑ 数値化して具体性を高める

観察の際には、具体性を重視すること。「何人が」「何回」など、数値化することで行動の具体性は高まります。また、具体的なものとは**「誰が見ても同じように感じるもの」**です。たとえば、A観察者が見て「これは危険行動だ」と認識しても、別の機会にB観察者が見て「いや、特に危険行動ではない」とするなど齟齬《そご》があってはいけません。**同じ現場を同時に、マネジャーを含む3人程度で観察**することをおすすめします。

ステップ2

特定2

安全な状態を特定する

前述の観察の際には「危険行動」だけでなく、「安全行動」にも目を向けなければなりません。**ミスや事故の無い、ロールモデルとなるようなハイパフォーマーが現場でどのような行動をしているかを観察**するのです。

ハイパフォーマーの行動は無自覚なことが多いもの。「フツウにやっているだけです」「特に考えて行動していません」などということがほとんどです。「安全行動の特定」には、こうした無自覚な、暗黙知の行動を言語化＝具体化することが必要になります。つまりは、「安全な状態」の特定です。

とはいっても、安全行動を取る人が、何か特別な行動をしているかといえば、そのようなことはあまりないはずです。

たとえば「階段を飛び降りる」ことが危険行動であれば、安全行動は「階段をゆっくり下りる」こと。なぜハイパフォーマーが階段をゆっくり下りるという安全行動を取るかといえば、「急いで飛び降りるとケガをするから」と感覚的にわかっているからです。

このように、**安全行動とは決して特別なものではありません。**発注ミスの無い人であれば、発注書記入の際には会話をしない、送信前に第三者にチェックを依頼している、などでしょうか。

「なぜなぜ分析」はＮＧ

ステップ１で危険行動が浮き彫りになったことで、どうしてもそこにフォーカスをしたがる上司も多くいます。安全行動が特別なものでなく、いわば「当たり前のもの」であることも、危険行動に目を向けたくなる理由の１つでしょう。

しかし、ここで危険行動ばかりに注目し、**「なぜそんな行動をするのか？」と執拗に「なぜなぜ分析」をするのはＮＧ**です。

「なぜそんなミスをするんだ」

「なぜ走ってはいけないところで走るんだ」

「なぜＳＮＳに不謹慎な動画をアップするんだ」

そう聞いたところで、理由を特定できるわけではありません。

にもかかわらず、多くの企業がこの「なぜ」の追及に躍起になっているのが現状です。

ミスを無くすには、「なぜそんなことをしたか」よりも「どんな行動を取ればよいのか」を考えることが必要なのです。

安全行動は特別なものではない

安全行動とは、いってみれば**「何も起こらない状態」**です。

それゆえに目立たず、またそれゆえに言語化も難しいといえます。

ビジネスの現場において、ミスや事故を起こさない、すなわち安全行動を習慣化しているハイパフォーマーといえば、代表的なのはベテラン社員でしょう。

ところが、ベテラン社員の行動こそ、言語化できないもの、すなわち「暗黙知」になりがちなのです。「目分量」「さじ加減」「勘」「感覚」「経験上」、ベテラン社員はこうした暗黙知によって仕事を行い、その結果、ミスや事故は起こさない＝安全行動を取っている、ということになります。

そこで、ベテランの暗黙知の安全行動を、誰がやっても同じ結果が出る「形式知」に置き換えなければなりません。具体的にいえば、**「勘」や「なんとなく」で行っていたことをすべて数値化**するのが近道でしょう。

たとえば、工場で機械を止めるタイミング。ベテランであれば「ちょうどいい頃合いで」などという言い方をするかもしれませんし、実際に作業のマニュアルにこうした曖昧な言葉を入れている企業もあります。

それを「○分○秒で」と、数値化する。タイマーをセットしてもいいでしょう。細かい数値化ではなくても、たとえば鉄道会社の例では、「手動ブレーキを力いっぱい締める」というベテランの行動を「全体重を乗せて2回締める」と言い直したこともあります。

具体化についてはこの後のステップでもさらにお話ししますが、ここでは「安全行動とは、本来は特別なものではない」ということを覚えておいてください。

特定3

一連の行動を特定し言語化する

安全行動の習慣化のためには、**行動を起こすための環境**を整えなければなりません。

何よりも大事なのは、前述のような「行動の言語化」です。もうおわかりかと思いますが、ここでもっとも不適当なのは「作業に集中するように」「〇〇を徹底する」「安全確認を怠らない」「よく確認する」などの具体性を持たない「スローガン言葉」です。

これでは、相手に行動を示したことにはなりません。

まずこの段階で、職場にあふれているであろうスローガン言葉を洗い出してみてください（図2－1参照）。知らず知らずのうちに口癖になっているものがあるのではないでしょうか？

「SMORS」という概念を知る

ここで、具体性についてより深く理解していただくため、組織行動セーフティマネジメント（ＢＢＳ）の「ＳＭＯＲＳの法則」についてお話ししましょう。

「ＭＯＲＳの法則（具体性の法則）」については、第1章で触れました。この「ＭＯＲＳの法則」に、もう1つＳ（Safety）を加えたのが「ＳＭＯＲＳの法則」です。

・Safety（安全である）

「危険なことをしない」ではなく「安全なことをする」。これが、組織行動セーフティマネジメントにおける行動の定義の1つなのです。

・Measured（計測できる）＝どのくらいやっているかを数えられる（数値化できる）

「かなり増えた」とか「激減した」という言葉はＮＧです。「悪い行動を取らなかった」ことは計測できませんが、「良い行動を取った」ことは計測できます。組織行動セーフティマネジメントが危険行動ではなく安全行動に着目する理由でもあります。

・Observable（観察できる）＝誰が見ても、どんな行動かがわかる
「人から聞いたこと」「本人が報告してきたこと」ではなく、「観察者が実際に見たこと」を重視します。

・Reliable（信頼できる）＝誰が見ても、同じ行動だとわかる
複数の観察者が見ても「行動が起きているか否か」がわからなくてはなりません。

・Specific（明確化されている）＝誰が見ても、何を、どうしているかが明確である
「どんな行動を」「いつ」「誰が」「どこで」「どんな条件のもとで行ったか（行うべきか）」がわかる、ということです。

少し怖い話ですが、行動科学理論の定義の1つに、次のようなものがあります。

「『行動』とは死人にはできないこと」

図4−5 SMORSの法則

・Safety（安全である）

・Measured（計測できる）

・Observable（観察できる）

・Reliable（信頼できる）

・Specific（明確化されている）

すべての要素がそろって「安全行動」といえる

つまり、死人は、もう動かない＝行動しない、ということです。

それに照らし合わせると、「危険なことをしない」とは、何も行動を起こさないのと同じで、言葉を換えると、死人にも「危険なことをしない＝行動しない」のは可能となります（死んでいるのだから当然ですね）。

したがって、「危険なことをしない」のは行動ではない、というわけです。

事故やミスを無くす方法は「危険なことをしない」のではなく、「安全なことをする」「安全行動を取る」ことです。

一連の行動を言語化する（チェックリスト）

言語化された行動が記されたものが、いわゆる「チェックリスト」です。

チェックリストは多くの企業でも使われているでしょう。しかしその内容には、言語化＝具体化されていない項目もよく見られます。たとえば、「安全確認」「装備の徹底」「終業時の整理整頓」といったものは、言語化されたものとはいえません。

もちろん職場によってさまざまですが、たとえば次のように、これくらい分解された行動が記されていない限り、チェックリストの作成も無意味なものになってしまいます。

☑指さし確認の実行をマネジャーが目視で確認する
☑ヘルメットをかぶり、あごひもを締めている
☑レンチは①の箱に戻した。ドリルは②の箱に戻した

また、チェックリストに掲載する言葉は、「誰もがわかる言葉」であることも大切です。「〇〇を注視する」「フレキシブルに対応する」「随時確認する」など、日常の会話ではあ

図4−6 チェックリストでのポイント

☑ チェック項目は具体的な「行動」であること

☑ 誰もがわかる平易な言葉を使う

☑ 現場マネジャーがチェック（スタッフ自身に任せない）

☑「チェックリスト確認済み」を
さらに上のマネジャーが確認

まり使われないような言葉を掲載するのはＮＧ。誰が聞いてもわかる、簡単な言葉を用いましょう。

チェックリストを利用する際に、さらに気をつけなければならないことがあります。それは「チェックリストへのチェックは直属の上司が行う」ということです。

「そんな当たり前のことを」と思うかもしれませんが、チェックリストへのチェックを当事者である従業員が自分でするという企業も、実は多いのです。

チェックリストは何をチェックするものか？　それはもちろん、従業員の行動です。

では、従業員の行動に着目するのは誰か？　そう、現場にいる直属の上司ですね。

ですから、**チェックリストへのチェックは、上司の大事な仕事**なわけです。

人間の行動原理を思い出してください。「毎日のチェックリストへのチェック」は、はっきりいって、「すぐにメリットを得づらいもの」です。行動の当事者である従業員は、このチェックを重視せず、適当に済ませてしまいがちです。

しかし、それが重大なミスや死亡事故にもつながることを考えれば、ここは〝適当に〟済ませるべきではないでしょう。

そしてさらにいえば、「チェックする側（現場にいる上司）もチェックされる」ことがもっとも望ましいかたちです。

チェックが「すぐにメリットを得づらいもの」であるということは、管理職も部下も変わりはありません。チェックリストへのチェックが完璧に行われているかを、さらに上のレベルの管理職にチェックしてもらう。ここまでやっても決して無駄なことではありません。

ステップ４

特定４

「ピンポイント行動」を特定する

「ピンポイント行動」という言葉があります。これは行動科学マネジメントで使う言葉で、一連の行動の中で、望ましい結果に結びつく**「ここは外せない」「これが肝になる」という、最低限押さえるべきポイント**のことです。

ミスを無くすという観点でいえば、安全（ミスや事故を起こさない）のために決して外せない行動、ということになります。

このピンポイント行動をこれまでの一連のステップの中から見つけ出すことが、「特定」のゴールです。そして、さらに次のステップである「継続」で、ピンポイント行動を取ることを習慣化します。

前章でお話しした「不足行動を増やす」ということは、すなわち、「（安全行動の）ピンポイント行動の継続・習慣化」ということなのです。

ピンポイント行動はこんなところにある

たとえば、工場作業における「ヘルメットを着用しない従業員」。作業を観察していると、ヘルメットをかぶっていたとしても、肝心の〝あごひも〟をしない人が多い、ということがわかりました。この場合での「これだけは外せない」ピンポイント行動が、「あごひもを締める」ということです。

危険行動の特定のためのサーベイやチェックリストへの落とし込みをしていない上司であれば、「安全行動は『ヘルメットをかぶる』こと」と片付けてしまうでしょう。しかし、それでは事故の防止にはつながりません。

あるいは、接客におけるお客様への謝罪。

シチュエーションによってさまざまなケースがあるでしょうが、わかりやすいピンポイント行動は「『申し訳ございません』と声に出し、頭を下げる」といったものでしょう。これを「ミスがあった場合は、すぐにお客様に謝罪する」と指導しても、謝罪の仕方は従

図4-7 ピンポイント行動の例

☑ ヘルメットの「あごひもを締める」

☑ 上司の指示を「復唱」する

☑ 階段昇降の際に「手すりをつかむ」

☑ 終業時に上司に電話で「終業報告」をする

☑ 戸締まりの際に「○○(場所)のカギをかける」

☑ お客様への謝罪の際に「頭を45度下げる」

☑ 一連の流れになっている作業を途中で中断した場合は、「初めからやり直す」

☑ 栓を締めた後に、「もう一度力を入れて締め直し、完全に締まっているか確認する」

☑ 荷物を抱えて運ぶ際には、「必ず前を見て運ぶ」

☑ 事務所の整理整頓では、「退勤時にデスクの上には何も置かない」

業員それぞれの解釈になってしまいます。「あ、はい……」という言葉で謝罪になると考える従業員もいるのです。そんな彼ら彼女らからは「私はちゃんと謝りました」といわれてしまうでしょう。

分解された行動の中で、ある特定の行動が増えた際にミスや事故が減ったことが数値として出てくれば、それが結果に結びつくピンポイント行動であったという証になります。

図4－7に挙げた行動もまた、ミスを無くすことにつながるピンポイント行動といえるでしょう。参考になさってください。

ピンポイント行動「4つの条件」

「これは外せない」というピンポイント行動は、決して行動のハードルが高いものにしてはいけません。「誰でも簡単にできること」「でも、実行できていないこと」にこそ、ピンポイント行動が隠れているのです。ピンポイント行動を現場に示す際には、次の4つの条件から外れていないかを検討してみてください。

１「すぐに記憶できる行動」になっているか？

「すぐに記憶できる行動」とは、「いわれてすぐにできる行動」ということ。ひと言で「ズバリ、これをやれ」といえるものです。

たとえば「安全のために靴ひもを結べ」という行動であれば、わざわざやり方を習得して覚える必要もなく、その場ですぐにできるでしょう。

書類を読んで理解しなければならない行動などをピンポイント行動にしてはいけません。「**今日からこのマニュアルに書いてあるとおりの行動をするように**」といきなりいわ**れても、現場は戸惑うだけ**です。

２「誰が見ても解釈にズレがない行動」になっているか？

「部屋を清掃する」「戸締まりをする」「電話対応する」「作業の準備をする」……こうした具体的な行動が示されていない言葉は、人によって解釈にズレが生じます。

「部屋を清掃する」ではなく、「**部屋の四隅からクリーナーをかけ、机の上を拭く**」、「戸締まりをする」ではなく、「**すべての窓に施錠し、最後にドアに施錠する**」など、解釈にズレがない行動を示すことが大切です。

図4−8 行動を「ちょっと」変える良い例・悪い例

○	×
30分早く出社する	2時間早く出社する
確認箇所を３つ増やす	確認箇所を10増やす
週に1回スポーツジムに通う	毎日スポーツジムに通う

「行動のハードルが高いもの」は習慣化できない！
今までの行動に、ひと手間加える程度の行動とするのがポイント

3「日々繰り返しできる行動」になっているか？

習慣とは、日々の行動の繰り返しです。この行動がやりづらいものであっては、容易に繰り返すことはできません。

たとえば「朝晩に歯を磨く」などは、それが「簡単にできること」だからこそ、繰り返されるわけです。「大変だから、たまにはやる」では習慣とはいえません。

4「既存の行動習慣を大幅に変えなくていい行動」になっているか？

人にとって、身についた習慣を大きく変えるのは難しいことです（だからこそ、良い習慣＝安全行動を身につけることが大事

なのですが)。

始業時間を2時間前倒しにする、これまで手書きで行っていた作業をいきなりすべてパソコンで行うなど、大幅な変更は行動の妨げになります。

たとえば、「確認の際に、確認箇所を2、3箇所増やす」というひと手間、あるいは「電話対応の際に『ありがとうございます』の言葉を添える」というひと手間など、**今までの行動にひと手間を加える程度の行動**を示していきます。

ここまで見てきたように、ピンポイント行動が「行動のハードルが高いもの」であっては習慣化できません。ミスや事故を無くすには「安全行動の習慣化」が重要であることを念頭に、**発見したピンポイント行動が「簡単で、誰にでもできるものか」**を検証してみてください。

ステップ5

継続

行動の続く環境づくり

ミスや事故の特定、安全な状態の特定、一連の行動の特定、ピンポイント行動の特定ができたら、今度は安全行動を「継続」していかなければなりません。安全行動の習慣化です。

この習慣が根付いた組織こそが「ミスや事故の無い組織」であり、習慣化することが「無くならないミスの無くし方」ということです。

上司が習慣化のために行うべきことは、習慣化がスムーズに進む「環境づくり」です。環境といっても、それは職場の設備の充実などといった目に見えるものではありません。もちろん、安全行動を発生しやすくするためには、そうした施策が必要な場合もあるでしょうが、ここでいう環境とは、上司・部下のコミュニケーションも含めた、いわば職場の風土のことです。

「PDCAサイクルは回らない」前提に立つ

PLAN（計画）→DO（実行）→CHECK（検証）→ACTION（改善）。多くの企業が、このPDCAというビジネスのフレームワークに着目し、実践に取り組んでいます。

しかし現実には、PDCAをうまく回せている組織は、それほど多くないはずです。

理由は大きく2つ考えられます。

まず1つは、PDCAの各工程での行動に具体性がないことです。計画の条件、実行の際の行動、検証の方法、改善の手順などが決まっておらず、要は**「やったつもり」になっている**、ということです。

そしてもう1つの理由は、人間の行動原理に即したものです。

そもそもPDCAを回せる人とは、ある意味ハイパフォーマーです。PDCAを回すことによって成果が出て、それが自発的な行動につながるという人です。

しかし、多くのビジネスパーソンは、PDCAを回すことでの成果を享受してはいません。計画を立てた→実行した、それが失敗に終わった……。人間の行動原理であるＡＢＣモデルに当てはめても、行動（実行）の結果がネガティブなものであれば、人は行動を継続させません。だから、**多くの組織が「ＰＤ、ＰＤ」の繰り返しになってしまう**わけです。「ＰＤＣＡは回らない」。まずはこの事実を認識しましょう。

行動が継続される原則はＡＢＣモデル

行動の積み重ね＝行動の継続がやがて習慣として定着するわけですから、安全行動の習慣化を図る上司がフレームとして当てはめるべきは、前述の「ＡＢＣモデル」です。

「行動の結果にメリットがあれば、人は行動を継続する」

そうであれば、意図的に行動の結果にメリットを与えるというのが、行動科学マネジメントのやり方です。

たとえば「ヘルメットをかぶる」という安全行動。

ピンポイントとなるのは、〝あごひもを締める〟という行動です。あごひもを締めず頭にヘルメットをのせているだけでも、本人は「ヘルメットをかぶった」と認識するでしょう。また、観察者もそうとらえるかもしれません。

では、「ヘルメットのあごひもを締める」ことにどんなメリットを与えることができるか。ある製造現場では、ヘルメットのあごひもを負担感なく締めやすいスナップ仕様にしました。こうすることで「ひもを縛る」という手順（ハードル）が排除され、装着率が高まりやすくなります。

「そんなことだけで⁉」と思うかもしれませんが、これが人間の行動原理に基づいた「行動の負担感を下げる（行動を起こしやすい環境設定）」ことになるのです。

また、「今日もお疲れさまでした」「よくやってるな」「ありがとう」といった言葉で上司から感謝される、承認欲求が満たされる。これも立派な「行動の結果に与えられたメリット」です。

叱責や罰則という「行動の結果へ与えるデメリット」は、一時的にしか行動を増やすことができません。**デメリットよりもメリットを考えることが、行動の継続においては大切です。**

図4−9 なんでも話せる環境づくりのヒント

- ☑ メンバー一人ひとりと毎朝1分間のミーティング
- ☑ メンバーへ「感謝の言葉」を直接伝える
- ☑ メンバーへの「声かけ」の頻度を増やす
- ☑ 相手の名前を呼ぶ
- ☑ 報告があった際にはまず「報告した」こと自体をほめる

「コミュニケーション」の有効性を知ろう

ミスを無くすためには職場でのコミュニケーションが非常に重要です。それによって、職場内の信頼関係が構築できるからです。

「信頼関係」というと、人間の内面にフォーカスした問題のように思われるかもしれませんが、ここでいう信頼関係とは、**「なんでも話せる環境」という企業風土**のことです。

「従業員みんなが仲良し」だとか「上司がみんなから好かれている」こととはニュアンスが違います。

職場のコミュニケーションの有無を知るもっとも簡単な方法は、上司が部下に「声かけ」をしているかです。

前述したように人には承認欲求があり、その欲求が一番簡単に満たされるのは、自分に対して声をかけてもらう、ということです。

安全確認で靴ひもを結んでいることを確認したら「○○君、ＯＫ！」と声をかける。始業時のミーティングで「○○さん、今日はどのお客さんを訪問するの？」とひと言、声をかける。これだけでも、相手の承認欲求を満たすことができるのです。

行動の結果にメリットを与えることは、決して難しいことではありません。そしてその取り組みは、やがて**「安全行動の習慣化」という大きな成果を生み出す**のです。

第5章

事例編

ミスを無くすヒント集

10のケース

ケース

1

用具をセットで配置し面倒を解消

――ケガが多発の工場

ある繊維会社の製造工場での作業の例です。

工場では、大きな歯車に繊維を通して製品をつくる作業が行われていました。歯車に糸が巻き付き、それを次の歯車に流していくという作業です。

その際、歯車にはごく微量の糸くずがどうしても付着してしまいます。作業を何千回、何万回と繰り返していくうちに、歯車には糸くずが溜まり、回転速度が遅くなってしまうというトラブルが発生することもあります。自動的に機械が歯車の糸くずを除去するシステムであればいいのですが、設備が最新化されていなかったこともあり、糸くずの除去には人の手が必要とされていました。

作業員がわざわざカッターのような小さな刃物を手に持ち、糸くずをカットしなければならないのです。その際に、しばしば起こるのが「作業員がカッターで自分の指を傷つけてしまう」という事故でした。

本来ならば、新たな機械を導入して自動化を図ることが望ましいのでしょうが、それには莫大な経費と時間がかかります。現状の設備のままで、まずは指を傷つける事故を無くすことが求められました。

そのためには、どうすればよいか？

答えは「刃が多少触れても傷がつかないような、頑丈な手袋をはめる」です。

しかし、ここで人間の行動原理が働きます。「手袋をはめる」という行為は「面倒」なのです。そこでマネジメント側としては、まずはこの面倒さの解消、つまり、行動のハードルを低くすることを考えました。カッターと手袋は配置場所を離さず、１セットとなるように用意し、同時に手に取らせます。「手袋はしなくてもいいか」ということがないようにしたわけです。

さらにチェックリストを用意し、チェックした従業員にＯＫを出すことで、従業員の行動を「承認」しました。こうして「手袋をはめる」という安全行動は現場での習慣となり、事故率もゼロに近いものになったのです。

「行動のハードルを低くする」「行動を承認する」。現場で働く人の行動そのものを見直し、これらを実践する工夫を施すことで、ミスや事故は無くなるのです。

ケース

2 具体的な言葉で正しい状態を教える

――鉄道会社での機器の留め忘れ

「何が正しい（安全な）状態で、何が間違った（危険な）状態なのか」職場で起こる事故やミスは、こうした基本的なことがわかっていないというのが最大の理由です。

ある鉄道会社のケースを紹介しましょう。

電車の車両と車両をつなげるための連結器という器具があります。新幹線などの車両では、それらは電磁コイルによって自動的にはまる仕組みになっています。

一方、貨物車両の場合、車両の数は輸送案件によって変わるため、連結も自動ではなく、手動で行われることになります。具体的には、２つの車両の連結器同士をガチャンとつなげ、さらにその連結器にシャフトを差し込んで固めます。

あるとき、この連結器がガタつくという事態が頻繁に発生するようになりました。その理由は、**「何が正しい状態か」を知らない現場社員がいた**からでした。

シャフトの数は1つの連結器につき8本ほどありますが、この「8本のシャフトを留める」ということを、そもそも知らない新人が現場にいたのです。

指導する側にとっては、**「シャフトが8本ついているのだから、それをすべて留めるのは当たり前のこと」であり、現場で新人にそこまで丁寧に教えていませんでした。**そのために留め忘れが起きて、結果、連結器がガタついてしまっていたのです。

その現場では、「連結器は正確に留める」「しっかり確認する」といったスローガン言葉による指示が、ずっと行われていたわけです。

そこで、チェックリストに「シャフトは8本すべてを留める」という項目を加えたところ、それだけで連結器がガタつくというミスが激減しました。

大切なのは、「何が正しい（安全な）状態か」を明確にして、具体的に言語化することです。そして、その状態の確認を習慣化することで、安全行動が職場に定着します。

ケース

3 毎晩の電話で承認欲求を満たす

――不適切動画投稿を防止したコンビニ

序章でもお話しした「バイトテロ」の問題。勤務中に不適切な動画を撮影し、アップロードする。悪ふざけでは済まされない、企業の信頼を大きく損ねる非常に危険な行いです。

もちろん、そばに店長や上司がいるという状況であれば、こうした事態も発生することはないでしょう。しかし、動画や画像の撮影のみならず、目の届かないところで従業員が何をやっているかを、四六時中監視するのは困難です。

「人が見ていないから、面白いと思うことをやってしまう」「人が見ていないから、仕事をサボる」。再三お伝えしてきたように、これはいわば人間の行動原理であり、いくら諭したところで、根本的には解決できない問題です。また、SNSへの投稿には人間の「承認欲求」を満たすという側面もあります。だから、SNSがやめられない、「面白いことをして認められたい」と不適切動画を投稿する人が後を絶たないわけです。

厳重注意する、罰則を用意する、雇用契約の項目として加えるといった取り組みも、人間の行動原理の前ではあまり役に立ちません。一時は収まるかもしれませんが、いずれまたそうした行動をする人が出てくるでしょう。では、どうすればよいか？

あるチェーンストアでは、スマホの入れ場所がないユニフォームを用意し、スマホの持ち込みを禁止しました。スマホを持たなければ、不適切動画を撮影、投稿することもないというわけです。しかし、こうした大がかりな施策がとれない企業、店舗も多いでしょう。さらに、人間の行動原理からいえば、抜本的な解決策とはいえないところがあります。

ここで、あるコンビニの例を紹介しましょう。1本の電話で、バイトテロ発生を抑制した事例です。その店では、アルバイトによる不適切動画のSNSへのアップの防止策として、コミュニケーションを重視しました。

コミュニケーションといっても、相手と仲良くする、という意味ではありません。

店長がアルバイトの働く深夜の職場に毎日必ず電話で連絡を入れ、**「今日もお疲れさま！」と感謝の言葉を送り、「何か問題はないか？」との確認をした**のです。

働く側としては、この時点で「承認欲求」が満たされます。店長との信頼関係が構築され、バイトテロを起こそうとすることもなくなるのです。問題が起きない会社・店舗は、上司が無意識にせよ、従業員を「承認」している場合が多いといえます。

ケース

4 朝礼で前日の定時退勤者を評価
——ダラダラ残業が常態化したオフィス

働き方改革の推進もあり、残業時間を減らすことを求めたり、ノー残業デーを定めたりする企業が増えています。

ミスや事故を無くすという観点からも、生産性の観点からも、必要性のないダラダラ残業はやめて「定時に退勤する」ことは、多くの会社が目標とするべきと考えられます。

では、どうすれば定時退社が実現できるか。

まずは、なぜダラダラ残業が常態化するのかを考えてみましょう。

・仕事の量が多くて終わらない
・「残業している社員はがんばっている」という雰囲気がある
・上司も残業をしているから帰りづらい

などの理由が挙げられます。そして、「残業をする」（定時退勤をしない）。その結果は？

・仕事が片付いた

・上司から「今日も残業お疲れさま」といわれた
・上司よりも先に帰らずに済んだ

行動の結果にメリットがあるため、人はその行動を繰り返します。したがって、残業にメリットがあるうちは、定時退勤が習慣化することはありません。

そこで、条件（理由）と結果をコントロールし、行動を変えることを試みてみましょう。

☑終業1時間前に社員の仕事量確認のショートミーティングをする
☑定期的な声かけで仕事量を確認、業務をチームで分担しやすくする
☑上司は必ず定時退勤するというルールを設定する
☑定時退勤を奨励する↓定時退勤（残業をしない）↓朝礼で前日の定時退勤者を評価
☑ショートミーティングの実施により、翌日に仕事が持ち越されなくなった（持ち越されても問題が発生しなくなった）

このように、行動が発生する条件が変わり、結果にメリットが生まれることで定時退勤という新たな行動は繰り返されていくことになります。「残業はしないこと！」「定時に帰ること！」とただ号令をかけるのではなく、行動のメカニズムをコントロールするわけです。

ケース

5

「視覚」に訴えて行動を指示する

――子どもが挨拶できる学習塾

東京2020オリンピックの開会式のパフォーマンスで話題になったのが「ピクトグラム」、いわゆる絵文字によって意味を伝える表示方法です。

交通標識や街中の案内など、〝視覚〟によって情報を伝えるというやり方は、私たちの生活に深く根付いています。そしてこれは、職場からミスを無くす仕組みづくりにも十分活用できるのです。

たとえば、第3章でお話しした「階段に足型を描いておく」ことで安全な階段の上り下りを指導するという方法は、まさにその典型といえます。

コロナ禍の中にあって、他者との距離を取るソーシャルディスタンスのため、スーパーマーケットなどの店舗でレジ前の床に「ここでお待ちください」という線が引かれているのがよく見られます。これもまた、視覚に訴える指示の1つです。

視覚に訴える事例をもう1つご紹介しましょう。

「子どもがちゃんと挨拶をできるようになる塾」と評判の学習塾がありました。

しかし、先生たちは「ちゃんと挨拶をしましょう」と子どもたちに指導しているわけではありません。なぜなら、それは具体的な行動を示す言葉ではないからです。

何をしたかというと、塾の教室の入口の床に「あいさつ線」という線を引き、塾に来た際には**「その線で立ち止まり、大きな声で『こんにちは』という」という行動を習慣化**させたのです。

操作手順を示すため、機械のボタンに扱う順番の番号を振っておく。工場内で迷わないように、工場全体の地図を掲示しておくなど、一見単純に思えることでも、ミスや事故を防止する具体的な指示として視覚的支援には大きな効果があります。

特に、言葉の壁の問題がある外国人従業員に対して、このやり方はとても有効です。

人に行動を指示する際には、具体的にどう行動すればよいかを示すことが必須です。しかし、それが**言葉で伝えづらい場合には、相手の視覚に訴えかける工夫**も取り入れてみましょう。

ケース

6 「すぐに返信」で報連相したくなる仕組みづくり

――リモートワークでのマネジメントに悩んだ上司

コロナ禍でビジネスの現場には「リモートワーク」が広く普及しました。出社の必要がなく、いつでもどこでも仕事ができることで、その恩恵を受けている人も多いでしょう。とはいえ、現場の管理職としては、これまでにはなかった問題に頭を悩ませることにもなっています。

部下とのコミュニケーションがオンライン上になっていることで、「報告・連絡・相談（報連相）」がうまくいかない。結果として、各人の作業の進捗がわからない、重大なミスに気づかずに顧客対応が遅れる、チーム全体のスケジュールが乱れるなど、深刻な問題になるケースもあります。

「リモートワークになったら、報連相が滞りがちになってしまいました」

そう話すイベント会社の課長がいました。

「リモートワークでのマネジメントのコツがあれば教えてください」

詳しく話を聞いてみると、どうやらその課長は、コミュニケーションにおける「当たり前のこと」を行っていなかったようです。

具体的には、部下から「報告・連絡・相談」があった際に、必ず返信をする、ねぎらいの言葉を送るということです。

そんな当たり前のこと、とお思いになるかもしれませんが、こうした当たり前のことが実行されていないケースが実に多いのです。理由として、これまではちょっとした立ち話で済んでいたこともメールでの連絡になるなど、リモートワークで管理職宛てのメールが激増し、十分な対応ができていないことが挙げられます。

報告しても何の反応もない。連絡しても返事がない。これでは部下の報連相という行動が強化・定着されず、やがて形骸化してしまうのは当然のことでしょう。

「とにかく部下からの連絡には、必ず、すぐに反応（フィードバック）すること」

こうした当たり前を徹底したことで、その課長の部署はリモートワーク以前のように報連相が活発に行われるようになりました。ここで申し上げたいのは、もちろん道義的なことではありません。マネジメントの手法として、相手の行動の結果にメリットをつけるようにする。そのためには「反応する」という当たり前のことを徹底しよう、ということです。

ケース

7

「確認」のための行動を具体化

——メール誤送信が多発した物販会社

「メールを違う相手に送ってしまった」

請求書など重要な書類もオンラインでやりとりされる今、こうしたミスが大問題となり得ることは、いうまでもありません。そもそもメールを誤送信するような会社は取引先からの信用を失ってしまいます。

実際に、メールの誤送信がたびたび起こるという物販会社がありました。

この会社の管理職は、「注意が足りないからミスが起こる。もっと注意深く確認するように」と部下に伝えたのですが、その後も誤送信は減りません。「注意深く確認するように」という曖昧な指示では行動は変わらない、ということはもうおわかりでしょう。

この会社に必要だったのは、**メール送信の際の行動をルール化**することでした。

なぜ誤送信されるのか？　当然のことながら、宛先（送信先）が違うからです。

そこで、メール送信の際には、次のようなルールを設けることにしました。

①アドレス帳の顧客名をローマ字表記と漢字表記の併用にする（「Ishida」と「nishida」など、アドレスや氏名の綴りは一見間違えやすいため）
②メールのオートコンプリート機能（宛先欄に名前を入れると予測変換のように宛先候補が出てくる機能）をオフにし、アドレス帳から確実に宛先を選択するという手順を踏む
③送信メールの一時保存（2段階送信）の機能をオンにする
④宛先を目視する
⑤件名を目視する
⑥本文を目視する
⑦重要な書類を送信する際は直属の上司のチェックを経てからにする

これだけのことですが、この正しい（安全な）行動を常にチェックし、定着、習慣化させたことで、メールの誤送信は一切なくなったといいます。

たとえば、確認作業をより強化するために「ダブルチェック」の体制を敷いたとしても、**ダブルチェックする側が「どんな行動をすればいいのか？」を把握していなければ、ダブルでミスを繰り返すだけ**です。「ミスを無くすための具体的な安全行動」（この場合、宛名と本文を目視する）の定着を図ることがカギです。

ケース

8

その会議にどんな意義がある？

——会議に遅刻者続出の会社が見直したこと

いつも定例会議に遅れてくるメンバーが多数いる。時間どおりに会議が始められないため、スケジュールが乱れる。こうした問題を抱える組織があることも、よく聞きます。

「決められた時間に遅れる」ということは、もちろん従業員の問題行動ではあります。「会議に遅刻をした人に対する何らかの罰則を設ける」という「行動の結果のコントロール」も考えられますが、まずはこの際、「その会議は本当に（皆で集まる）必要があるものか？」を考えてみるのもいいでしょう。

なぜ、会議に遅れてくるメンバーが多いのか。それは、メンバーの多くが「その会議に時間どおりに参加することの必要性・重要性を感じていないから」という原因が考えられます。

たとえば、売上などの業績＝数字を報告するだけの場であれば、会議という場を設ける必要はなく、グループメールのやりとりで済むはずです。同じように「アイデアを出し合う」というだけの会議も、同時刻に従業員が集まる必要はありません。

つまり、会議に遅れるメンバーからすれば、その会議に定刻どおりに参加するメリットは多くなく（その意義がわからない）、遅れて参加することのデメリットは少ない、ということになるわけです。

私の知る会社では、定例とされている会議・ミーティングを見直し、大幅に廃止することを決めました。その結果、**仕事の生産性は向上し、何より「会議に遅れてくる人の問題」に悩まされることもなくなった**わけです。

では、見直しの結果、会議が存続すべきもの＝意義のある重要なものであると認識できた場合、それでも遅刻を繰り返す人をなくすにはどんな手段があるか？

まず考えなければならないのは、相手にとって「会議に遅刻をした」という結果がどのようなものだったか、ということです。

重要なのは、その人が最初に会議に遅刻した際に、上司がどのような対応をしたか、ということ。

当然のことながら、遅刻という行為は規則違反。本来は厳重な注意を与えるべきなのですが、このとき（最初の遅刻）、上司が中途半端な甘い対応をすることによって、相手の行動が強化されてしまうわけです。「遅刻をした」→「何となく許してもらえた」。この結果によって、遅刻は相手にとって「繰り返す行動」になってしまうわけです。

「遅刻をすると、どうなるのか？」。これを最初の段階で認識させることが大切です。

このほかにも、相手へのヒアリングによって「相手が『時間に間に合う』ことを阻害する理由を特定し、改善する」といった取り組みも考えられます。

いずれにせよ、遅刻をする理由は、その人の「心構え」や「性格」にあるとは考えず、相手の「行動原理」に着目する、という姿勢を忘れないでください。会議の遅刻に限らず、提出物の締め切りにいつも遅れる、進捗管理ができないといった事例にも同様の対応ができます。

ケース

9

誰もがわかる「定物定置」のルール
――「必要なものがない！」からの脱却

安全行動の定着・習慣化のためにぜひおすすめしたいのが、「定物定置」のルール化です。「定物定置」とは、米国などの多言語の地域の職場で普及しているビジネスルールで、**「これはここに置いておく」というように、物の置き場所を、誰もがわかるように決めておく**、ということです。必要なものが必要な場所に収められている状態をイラストで図示したり、あるいは写真に撮って表示したりするというのが一般的なやり方です。

「使ったものはちゃんと元の場所に戻しておくように」。こうした指示は、具体性のあるものではありません。「〇〇はここに、××はここに」というルールを決め、職場で周知することが、〝必要なものが必要なときに見当たらない〟というヒヤリ・ハットを事前に防ぐことにつながります。ミスを無くす仕組みの構築というと大がかりな取り組みに聞こえるかもしれませんが、まずは**今すぐできる危険防止の手法**として、「使うものを、決められた場所に置く」という、簡単な行動から始めてみてはいかがでしょう。

ケース

10

「1分ミーティング」でミスや事故を防止

――コミュニケーションの頻度を高めたマネジャー

「職場の人間関係が悪い」「上司と部下がすれ違い」。こうしたことから「報告・連絡・相談（報連相）」がおろそかになり、重大なミスが発生するということもあるでしょう。

「なんで早くいわないんだ」「相談してくれたらよかったのに」……後にそう感じられるようなケースです。

ここで、「上司が苦手だから話しづらい」「あの人は嫌いだから相談したくない」といった、職場のメンバーの「感情」や「気持ち」といった内面に目を向けても、問題は解決しません。

「どのような行動を取ること、取らせることで人間関係が改善するか」を考えるべきなのです。

もちろん、ここでいう人間関係の改善とは、「職場のメンバーがもっと仲良くなる」といったことではありません。報告・連絡・相談が活発になることで仕事がスムーズに進み、ミスや事故を防ぐことが目的です。

そこでぜひ行っていただきたいのが、**毎日の「1分ミーティング」**です。

「部下との会話がない」というあるマネジャーに「毎朝1分でいいので、職場のメンバー全員に均等に声をかけてください」というお話をしました。

話す内容は「今日はどんなこと（仕事）をするの？」で十分。ただし相手の名前を呼び、相手の目を見て話すこと、としました。

もちろんここで部下に注意をしたり、叱責したりすることはNGです。「1分、上司と会話をする」ことにデメリットを与えてはいけません。

毎日名前を呼ばれ、話を聞いてもらえることで、相手の承認欲求は満たされます。このことから、上司と部下の信頼関係は自然と築かれていきます。

「人間関係の良い職場」とは具体的にどういうことか？　それは「コミュニケーションの頻度が高い」ということ。そのための行動として、1分ミーティングを試してみてください。

これはリモートワークの際にも重要なことです。モニターの先の相手の名前を呼び、承認してください。**リアルであれ、リモートであれ、人間の行動原理は変わらないのです。**

おわりに

今、多くの経営者、マネジャーが、スタッフの内面に目を向けてしまうことで、マネジメントにおいて無駄な時間を使い、無駄な悩みを抱え込んでいるように思えます。

なぜあの人はミスを起こすんだろう？　どうしてわかってもらえないんだろう？　このように相手の人格や性格、感情ばかりに問題点を見出そうとしているのです。

しかし、本書で繰り返し述べたように、ミスを無くし、事故を防ぐために重要なのは、人の「行動」そのものに着目し、それを変容、定着させること。相手がどんな人間かということは関係ないのです。

「ミスや事故が無くならないのは、自分のリーダーとしての資質に問題があるのでは？」

そう思い悩む必要もありません。**あなたはやり方を知らなかっただけ。**

この本で紹介したノウハウを使って、どうか安全な組織をつくり上げてください。

石田淳

主要参考文献

『行動科学にもとづく組織行動セーフティマネジメント』石田淳（ダイヤモンド社）

『組織が大きく変わる「最高の報酬」』石田淳（日本能率協会マネジメントセンター）

『行動科学を使ってできる人が育つ！　教える技術　外国人と働く編』石田淳・甲畑智康（かんき出版）

『仕事も部下の成長スピードも速くなる　1分ミーティング』石田淳（すばる舎）

『自分を変えたい人のためのABCモデル　改訂版』今本繁（ふくろう出版）

『危険不可視社会』畑村洋太郎（講談社）

『失敗学のすすめ』畑村洋太郎（講談社文庫）

Removing Obstacles to Safety: A Behavior-based Approach, New Updated Edition/Judy Agnew & Gail Snyder (Performance Management Publications)

Keys to Behavior-based Safety From Safety Performance Solutions/E. Scott Geller & Joshua H. Williams (Government Institutes)

The Behavior-based Safety Process: Managing Involvement for an Injury-Free Culture/Thomas R. Krause, John H. Hidley, Stanley J. Hodson (Van Nostrand Reinhold)

Values-Based Safety Process: Improving Your Safety Culture With Behavior-based Safety, Second Edition/Terry E. McSween (Wiley-Interscience)

【著者略歴】

石田淳（いしだ・じゅん）

社団法人行動科学マネジメント研究所所長。社団法人組織行動セーフティマネジメント協会代表理事。株式会社ウィルPMインターナショナル代表取締役社長兼CEO。

米国のビジネス界で大きな成果を上げる行動分析を基にしたマネジメント手法を、日本人に適したものに独自の手法でアレンジして「行動科学マネジメント」として確立。行動に焦点をあてた科学的で実用的なマネジメント手法は、グローバル時代に必須のリスクマネジメントやコンプライアンスにも有効なものとして経営者や現場のリーダー層から絶大な支持を集める。これまでに指導した企業は1200社以上、ビジネスパーソンはのべ3万人以上にのぼる。

主な著書に『短期間で組織が変わる 行動科学マネジメント』（ダイヤモンド社）、『行動科学を使ってできる人が育つ！ 教える技術』（かんき出版）、『課長の技術 部下育成バイブル』（日経BP）などがある。

米国行動分析学会（ABAI）会員。日本行動分析学会会員。日経BP主催「課長塾」講師。

成果を上げる行動変容

無くならないミスの無くし方

2021年12月13日　1版1刷
2022年4月4日　3刷

著　者　石田　淳

発行者　國分正哉

発　行　株式会社日経BP
日本経済新聞出版

発　売　株式会社日経BPマーケティング
〒105-8308　東京都港区虎ノ門4-3-12

印刷・製本　中央精版印刷

ISBN978-4-532-32443-8